Introdução à Metapsicologia Freudiana

Volume 2:

A interpretação do sonho

Luiz Alfredo Garcia-Roza

Introdução à Metapsicologia Freudiana

volume 2:

A interpretação do sonho

10ª reimpressão

ZAHAR

Jorge Zahar Editor Ltda.
rua Marquês de S. Vicente 99 – 1º | 22451-041 Rio de Janeiro, RJ
tel (21) 2529-4750 | fax (21) 2529-4787
editora@zahar.com.br | www.zahar.com.br

10ª reimpressão: 2017

Capa: Gustavo Meyer
Ilustração: O consultório de Freud
em Viena, Bergasse 19
Composição: TopTextos Edições Gráficas

CIP-Brasil. Catalogação-na-fonte
Sindicato Nacional dos Editores de Livros, RJ

Garcia-Roza, Luiz Alfredo, 1936-
G211i A interpretação do sonho, 1900 / Luiz Alfredo Garcia-Roza.
– Rio de Janeiro: Zahar, 1993.

(Introdução à metapsicologia freudiana, v.2)

Inclui bibliografia
ISBN 978-85-7110-255-2

1. Freud, Sigmund, 1856-1939. 2. Sonhos. 3. Psicanálise.
I. Título. II. Série.

CDD: 150.1952
08-4654 CDU: 159.964.2

Sumário

Para Livia, mais uma vez.

À guisa de introdução

O enigma

Um dia, na nossa mais remota infância, tramamos cometer os dois maiores crimes de que alguém pode ser acusado: o parricídio e o incesto. Estes crimes, porém, jamais foram efetivamente cometidos. Por incompetência ou por medo, permaneceram como desejos.

Pequenos perversos, tínhamos nossa sexualidade voltada para um objeto privilegiado — a mãe, e encontramos na figura paterna um obstáculo irremovível à concretização do nosso anseio. Daí o ódio de morte que lhe devotamos. Ambos, porém — o amor pela mãe e o ódio pelo pai —, não puderam ser mantidos na sua forma original e tiveram que ser afastados dos nossos desígnios conscientes, permanecendo no entanto como desejos inconscientes alimentando nossos sonhos. Por isso repetimos a cada noite a tentativa do duplo crime; só que agora, disfarçadamente, distorcidamente, como que nos protegendo de nós mesmos, simultaneamente criminosos e policiais.

Essa é a verdade fundamental da psicanálise: a verdade do desejo. No entanto, os fatos do nosso cotidiano não nos remetem diretamente a ela, não nos oferecem essa verdade já pronta, mas dissimulada enquanto distorcida. A verdade é um enigma a ser decifrado, e a psicanálise constitui-se como teoria e prática do deciframento.

Mas se esse crime não foi de fato cometido, por que nos sentimos culpados? E mais ainda, por que criamos uma teoria e uma técnica cuja prática está voltada, em última instância, para esse crime imaginário? Na verdade, nós não apenas não cometemos esses crimes, como sequer nos lembramos de tê-los tramado algum dia. Não há traço em nossa memória consciente desses desejos infantis; no entanto, eles produziram efeitos que perduram por toda a nossa vida. São esses efeitos que, uma vez identificados, funcionarão como indícios de algo em nós desconhecido para nós mesmos.

A dificuldade maior reside em que esses indícios também não são facilmente identificáveis pelo olhar cotidiano, não aparecem claramente como indicadores de algo oculto em nossa história pessoal. O que os torna significativos não é o caráter perturbador do seu conteúdo ou a forma espetacular pela qual se apresentam, mas algo que poderíamos chamar de sua tonalidade afetiva.

Enquanto signos de um passado esquecido, eles não permaneceram porque foram importantes, mas são importantes porque permaneceram. Tal como o fragmento de cerâmica descoberto pelo arqueólogo, os pequenos signos de nossa história oculta valem pelo seu caráter indicial, pelo que apontam para um passado arcaico e não pelo que são em si mesmos. E sua própria persistência não é devida a sua importância, mas possivelmente a sua desimportância. O trabalho de investigação psicanalítica não está voltado para os grandes acontecimentos de nossas vidas, mas para fatos minúsculos que funcionam como veículos para a realização de desejos inconscientes. Assim, não é o sentido manifesto o que importa, mas um outro sentido que o primeiro oculta.

Por essa razão, não é com a boa fé que o psicanalista opera, mas com a suspeita. O inconsciente não é o que se oferece benevolamente a sua escuta, mas o que teima em se ocultar e que só se oferece distorcidamente, equivocamente, dissimulado nos sonhos, nos sintomas e nas lacunas do nosso discurso consciente. Tal como o detetive dos romances policiais, o psicanalista é aquele que suspeita, que sabe que nosso relato é um enigma a ser decifrado, mas que sabe também que através desse enigma uma verdade se insinua. No enigma, a verdade e o engano são complementares e não excludentes.

Os signos que compõem esse enigma são portadores de uma intensidade análoga à das pegadas que Robinson Crusoé descobriu na praia de sua ilha deserta. Enquanto signos, não nos remetem apenas a uma outra coisa, mas a um outro sujeito. No entanto, à diferença do romance de Daniel Defoe, nosso Sexta-feira habita nossa própria interioridade, ou melhor, somos simultaneamente Robinson Crusoé e Sexta-feira, sendo que este último teima em se esconder e, quando aparece, coloca em questão e deita por terra a onipotência do Robinson.

O enigma da psicanálise — ou um dos enigmas da psicanálise — reside nesse fato desconcertante e perturbador: o de que somos dois sujeitos, um dos quais nos é inteiramente desconhecido. Isto não seria trágico se este sujeito que emerge a partir da escuta psicanalítica não fosse aquele ao qual imputamos os crimes aos quais me referi acima.

A analogia que fiz com o romance policial não nos deve levar a um engano que falsearia a natureza da prática psicanalítica. Ao contrário do detetive, o psicanalista não é aquele que solitariamente empreende sua investigação, descobre o crime e comunica ao sujeito, de tal forma que este não pode recusar a verdade indiscutível que emerge como resultado.

A verdade psicanalítica não é comunicada ao paciente a partir de uma exterioridade e como algo já acabado. Ambos, analista e analisando, participam igualmente da investigação. Não temos de um lado o analista-investigador perseguindo a verdade, e de outro lado o analisando-culpado apagando todos os indícios do seu crime ou oferecendo pistas falsas ao primeiro. No caso da psicanálise, quem descobre o crime é o próprio paciente, mas essa descoberta só pode ser feita na relação com o analista.

O caminho da verdade é longo e sinuoso; trata-se de um percurso que ambos têm que empreender e para o qual nenhum dos dois dispõe de um roteiro prévio. O guia desse percurso é o próprio paciente, sendo que suas indicações são equívocas, cabendo ao analista desfazer as ambigüidades, não no sentido de eliminá-las, isto seria impossível, mas no sentido de tornar o caminho menos tortuoso. A verdade para a psicanálise não está no sentido oposto ao da ambigüidade, mas ligada a esta última de forma necessária.

Também de nada adiantaria ao analista comunicar ao paciente essa verdade já pronta, se por um acaso a encontrasse, e isto porque ela não é externa ao paciente e à relação que ele mantém com o analista, assim como também não é algo acabado que poderia ser encontrado como um dado externo.

Essa verdade é tecida ao longo de um processo que ao mesmo tempo a revela e a produz. Isto pode parecer estranho e dar a impressão de que o desejo do paciente só existe a partir da relação analítica, que anteriormente a essa relação não há desejo, ou pelo menos não há desejo inconsciente. O que não é verdadeiro, mas também não é inteiramente falso. A prática psicanalítica não é exclusivamente *reveladora* de algo já pronto e previamente existente, ela é também *produtora* do próprio desejo. Por paradoxal que isso possa parecer, não deve nos paralisar; na verdade, não chega a ser algo de extraordinário e sequer é uma característica exclusiva da prática psicanalítica.

Tomemos um exemplo que talvez nos auxilie neste início, exemplo muito caro à psicanálise: a lenda de Édipo.

O jovem Édipo, após ter sua origem posta em dúvida, vai consultar o oráculo de Delfos. Este lhe adverte que ele mataria seu próprio pai e se casaria em seguida com sua mãe. Horrorizado, Édipo abandona Corinto onde vivia com seus pais Políbo e Peribéia e dirige-se para Tebas a fim de evitar que um desígnio tão funesto viesse a se cumprir. Na estrada, envolve-se numa briga e termina por matar um desconhecido. Prosseguindo seu caminho, defronta-se, às portas de Tebas, com a Esfinge, que lhe propõe um enigma. Se ele o decifrasse, a cidade se livraria da peste que a assolava, caso contrário, seria devorado. Tendo decifrado o enigma, Édipo é acolhido como herói, recebe como prêmio o trono de Tebas que estava vago devido à morte do rei Laio, e conseqüentemente a mão da rainha Jocasta. Com o correr do tempo, nova peste abate-se sobre a cidade, e os sacerdotes declaram que o motivo era que a cidade abrigava um culpado e que se este não fosse descoberto a peste dizimaria toda a população. Édipo ordena que se proceda à investigação. No curso desta e a partir das declarações do adivinho Tirésias, os indícios confluem para a figura do próprio Édipo. Ao final, depois da revelação de que teria sido abandonado ao nascer e adotado por Políbo e Peribéia, fica evidente que seus verdadeiros pais são Laio e Jocasta, e com isto a trágica verdade: rei Édipo, parricida e incestuoso.

Certo, mas desde quando? A resposta que primeiro nos ocorre é: desde o momento em que matou Laio na estrada para Tebas e casou-se com Jocasta. Esta é, porém, a verdade que nós sabemos, ou melhor, esta é a verdade exterior a Édipo. Se lhe fosse revelada por ocasião em que estes fatos ocorreram, seria veementemente recusada. O rei Édipo tinha a mais absoluta certeza de não haver cometido tais crimes. Naquele momento, sua verdade era a do herói tornado rei de Tebas e esposo de Jocasta. No entanto, a verdade ali estava. Só que oculta, inconsciente para o próprio Édipo. A verdade do parricídio e do incesto só emerge para ele ao final do processo que a revela e a produz. Entre a *certeza* do rei Édipo e a *verdade* do criminoso, interpõe-se um processo que transforma o primeiro momento no segundo. Este processo, podemos dizer, é *produtor-revelador* da verdade de Édipo.

Este é um dos pontos fundamentais da nossa questão: a verdade psicanalítica é uma verdade que só pode ser obtida recorrentemente. É apenas a partir do lugar definido pela relação transferencial analista-analisando que a verdade do desejo pode emergir. A verdade não está já pronta à espera do analista que a revela para o analisando, mas também não é totalmente redutível à situação analítica; sua matéria-prima é um passado arcaico, perdido para a memória consciente do analisando. A relação analítica é transformadora dessa matéria-prima e produtora da verdade do desejo. Fora da situação clínica, o desejo inconsciente permanece tão desconhecido — e portanto inexistente para o sujeito — como o parricídio e o incesto eram desconhecidos e inexistentes para o rei Édipo.

É pela palavra que essa verdade faz sua emergência, e a transferência é o mecanismo pelo qual a palavra atual — que se dá na relação analista-analisando — articula-se com a palavra antiga, formando um mesmo tempo. É isso o que possibilita ao paciente reviver com o analista uma situação que ele teria vivido em sua infância remota com a mãe ou o pai. A palavra é o que opera a transmissão do desejo, e em termos psicanalíticos o que importa não é sua função de informação mas sua função de verdade. Aquilo que o discurso manifesto do paciente nos comunica em termos de informação oculta um outro sentido não manifesto, que é o do desejo inconsciente. Palavra que dissimula, que mente, que oculta, mas também palavra portadora da verdade. Na palavra psicanalítica, verdade e engano estão indissoluvelmente ligados. Daí o enigma e daí também a psicanálise constituir-se, dentre outras coisas, como uma técnica de decifração.

Nota:

Abreviaturas empregadas para as obras de S. Freud:

AE: Amorrortu Editores (*Sigmund Freud — Obras completas,* Buenos Aires, Amorrortu, 1976).
ESB: Edição standard brasileira das obras psicológicas completas de Sigmund Freud, Rio de Janeiro, Imago, 1972-80.
GW: Gesammelte Werke, Londres, Imago, 1940-52.
AdA: Aus den Anfängen der Psychoanalyse, Londres, Imago, 1950.
Aphasies: Contribution à la conception des aphasies: une étude critique, Paris, PUF, 1987.

1

Um Mundo Arcaico de Vastas Emoções e Pensamentos Imperfeitos

As idéias que constituem o tema central de *A interpretação do sonho* foram se insinuando lentamente a Freud, desde 1889, até tomarem corpo em 1895 com a análise do sonho da injeção de Irma, sonhado pelo próprio Freud na noite de 23 para 24 de julho de 1895. Mas foi somente em maio de 1897 que, numa carta a Wilhelm Fliess, Freud expressou sua intenção de escrever o livro que viria a ser publicado no inverno de 1899 (embora com data do novo século) com o título *Die Traumdeutung*.

Mais do que um livro sobre os sonhos, ele é um livro sobre o sonho de Freud, sonho que ele tinha em comum com um bom número de teóricos do século XIX e cuja matéria-prima podemos fazer remontar a Descartes: o de elaborar um modelo de aparelho anímico. Esse sonho já se insinuara em 1891 com o texto sobre as afasias e seu modelo de aparelho de linguagem, mas é com o *Projeto de 1895* que esse aparelho assume as proporções de um autêntico aparelho anímico. Assim, aquilo que Freud nos apresenta no capítulo 7 de *A interpretação do sonho* pode ser considerado como uma terceira versão do *Seelenapparat*, embora a primeira versão tenha aparecido ainda sob a rubrica *Sprachapparat* (aparelho de linguagem) e a segunda versão (a do *Projeto*) somente tenha se tornado pública em 1950, onze anos após a sua morte.

Um sonho de Freud.

Significativamente, é num sonho de Freud que o sonho de Freud encontra seus primeiros elementos, mas é também através dele que Freud percebe a carga de ameaça contida em seu projeto: trata-se do *sonho da injeção de Irma,* sonho inaugural e paradigmático, submetido pelo próprio sonhador à análise mais completa que lhe foi possível fazer na época.

O que perturbou Freud nesse sonho não foi o fato de através dele se evidenciar que os sonhos são portadores de sentido, disto Freud já se tinha dado conta anteriormente, ou ainda o fato deles serem realizações de desejos, o que também já era admitido por ele; o que o perturbou sobremaneira foi a natureza dos desejos presentes nos sonhos, particularmente no sonho da injeção de Irma. Sua análise é pontuada com observações do tipo "não me sinto inclinado a penetrar mais aprofundadamente neste ponto", "deve-se compreender que não informei acerca de tudo o que me ocorreu durante o trabalho de interpretação", "suspeito que a interpretação deste fragmento não avançou o suficiente para desentranhar todo o seu sentido oculto", para no final Freud confessar que poderia ter ido muito mais longe e mesmo que sabia por quais caminhos deveria perseguir a trama dos pensamentos oníricos, mas que uma certa reserva se fazia necessária quando a análise empreendida tinha por destino tornar-se pública.

Não é por outra razão que a análise deste sonho, considerado sonho modelo, revela-nos muito mais desejos pré-conscientes/conscientes do que os desejos inconscientes do sonhador. Se Freud expõe com admirável despudor seus sentimentos com relação aos colegas de trabalho, é extremamente reservado ou quase omisso quando trata do conteúdo sexual do sonho. O sonho não é feito de acontecimentos significativos do ponto de vista da experiência consciente do sonhador, sua matéria é retirada *de um mundo arcaico de vastas emoções e pensamentos imperfeitos.*[1]

Como veremos mais adiante, ao discutirmos a análise que ele faz do sonho da injeção de Irma, a prudência justifica-se pelo fato de que a análise de um sonho desnuda não apenas a alma do sonhador como também expõe fatos e sentimentos ligados a pessoas que fazem parte do seu universo social. No caso presente, uma análise mais extensa tornaria evidentes os desejos de Freud por três mulheres, sendo que uma dentre elas, a sua própria esposa, é preterida em favor de uma jovem viúva. A resistência em prosseguir na análise era, pois, perfeitamente compreensível, sobretudo em se tratando de um homem com pretensões a uma vida pública como médico e professor universitário.

Poderíamos argumentar que ao se entregar à análise do seu próprio sonho Freud já sabia que todo sonho possui um sentido e é uma realização de desejos, não havendo, portanto, razão para se espantar com o resultado da interpretação. Certo, mas a interpretação revela a Freud que há desejos e desejos, que uma coisa é o seu desejo, até certo ponto inocente, de vingar-se de seu amigo Otto, outra coisa são os desejos que se insinuam quando são rompidas as resistências mais imediatas, estes outros, nada inocentes.

O que Freud nos revela pela análise desse sonho são desejos pré-conscientes, identificáveis por qualquer

1 Ellis, H., "The Stuff that Dreams are Made of", citado por Freud, *AE*, **4**, p.83; *ESB*, **4**, p.62; *GW*, **2/3**, p.63.

observador perspicaz e nada capazes de provocar horror e repulsa, o que ele próprio aceita com evidente bom humor. O que é repelido e provoca horror está apenas insinuado e diz respeito não a desejos pré-conscientes, mas a desejos que pertencem a um outro lugar psíquico — ao inconsciente — e que são sugeridos por observações do tipo "não me sinto inclinado a penetrar mais profundamente neste ponto" e sobretudo pela nota de pé de página na qual ele afirma: "Todo sonho tem pelo menos um ponto no qual ele é insondável, um umbigo pelo qual ele se conecta com o desconhecido".[2]

É a esse desconhecido que Freud quer se referir ao escolher para epígrafe de *A interpretação do sonho* a frase de Virgílio *"Flectere si nequeo superos, Acheronta movebo"* (Se não posso dobrar os deuses celestes, removerei o mundo subterrâneo).[3] O mundo subterrâneo ao qual ele nos remete a partir da tímida e prudente análise do sonho da injeção de Irma é o mundo do desejo repelido pelas instâncias mentais superiores, e que forma o mundo subterrâneo do desejo inconsciente.

O desejo, nos diz Freud, remove esse mundo subterrâneo *para ser ouvido*.[4] É preciso que ele seja colocado em palavras para ser ouvido, e é o que Freud faz ao nos oferecer o sonho da injeção de Irma juntamente com sua interpretação, suas associações secundárias e até mesmo com as notas de pé de página que acompanham o seu relato escrito.

2 *AE*, **4**, p.132n18; *ESB*, **4**, p.119n2; *GW*, **2/3**, p.116n1.

3 Tradução literal: "'Se não puder dobrar os deuses de cima, comoverei o Aqueronte' (Virgílio, *Eneida*, Livro VII, 312). O Aqueronte, um dos rios do Inferno segundo a mitologia antiga, simboliza os deuses infernais." Paulo Rónai, *Não perca o seu latim*, Rio de Janeiro, Nova Fronteira, 2ª ed. rev. 1980.

4 *AE*, **4**, p.17n1.

Esse sonho tem um destinatário, que somos nós. Não é o eu de Freud que nos faz um apelo, é seu próprio inconsciente que se dirige a nós, através do sonho da injeção de Irma, pedindo para ser ouvido. E para ser ouvido, é necessário que ele seja dito. Aquilo a que o sonho aspira é passar da imagem à palavra, e no caso do sonho de Freud, não se trata de procurar esta ou aquela palavra reveladora, mas simplesmente de entendermos que aquilo para o qual ele aponta é *a palavra,* sua busca é a busca do simbólico.

Veremos mais adiante como o sonho pode ser entendido como uma escritura, uma escritura feita com imagens, e como a interpretação é o processo pelo qual a imagem é simbolizada.

O que Freud nos mostra com este sonho é que o mundo subterrâneo removido pela análise não é apenas o *seu* mundo subterrâneo, através desta ou daquela interpretação, seguindo esta ou aquela associação, mas o mundo subterrâneo de todos nós. E aqui é importante afastarmos a idéia de que este "subterrâneo" é o *profundo,* por oposição à consciência que seria o *superficial.* Não se trata de empreender uma descida às profundezas abissais do inconsciente, o psicanalista não é um Jacques Cousteau da alma (assim como também não é um alpinista platônico). A questão não se coloca em termos de profundidade *versus* superfície, o inconsciente não corresponde às profundezas da consciência, da mesma forma que não corresponde à franja ou margem da consciência (este era o modo de pensar da psicologia do século XIX, notadamente de Herbart e de William James). O mundo subterrâneo a que Freud se refere nada tem a ver com a profundidade da consciência, mas diz respeito a um outro lugar psíquico, distinto da consciência, regido por leis próprias, e cujos conteúdos jamais "emergem" à consciência como daria a entender a idéia do inconsciente como "o profundo".

O fracasso inicial.

No entanto, nem o sonho da injeção de Irma, nem os demais sonhos de Freud submetidos por ele mesmo a análise, e nem ainda o conjunto da *Traumdeutung*, aí incluído o capítulo 7, impressionaram favoravelmente a comunidade científica (e mesmo a filosófica) da época. O livro foi recebido com quase total indiferença pela crítica especializada, e decorridos seis anos após sua publicação haviam sido vendidos apenas 351 exemplares.[5] Não obstante esse fracasso editorial, Freud mantém uma convicção inabalável quanto ao valor da obra e seu caráter inovador. Essa convicção já era manifesta na carta que ele escreve a Fliess em junho de 1900, após uma visita à casa de Bellevue, onde teve o sonho da injeção de Irma: "Você acredita", escreve ele a Fliess, "que algum dia será colocada nesta casa uma placa de mármore, com a seguinte inscrição?:

> Nesta casa, em 24 de julho de 1895,
> o segredo dos sonhos foi revelado
> ao doutor Sigmund Freud

No *momento* parece pouco provável que isto ocorra".[6]

Passados trinta anos e tendo já escrito a quase totalidade da sua obra, Freud faz a seguinte declaração no prólogo

5 Cf. J. Strachey, *AE*, **4**, p.13; *ESB*, **4**, p.xxvii.
6 *AE*, **4**, p.141; *ESB*, **4**, p.130 (o grifo é meu).

à terceira edição inglesa de *A interpretação do sonho:* "Este livro... contém, ainda de acordo com meu julgamento atual, a mais valiosa de todas as descobertas que tive a felicidade de fazer. Um *insight* como este acontece a alguém apenas uma vez na vida".[7]

Os elementos que tornaram possível este *insight* vinham se insinuando já há algum tempo. Eles não são numerosos, e isoladamente nenhum deles se constitui como grande novidade. O primeiro elemento importante é a afirmação de que os sonhos possuem um sentido. Considerada em si mesma, a afirmação não apenas nada tem de nova, como é de fato muito antiga. O próprio Freud enumera uma série de autores que desde a Antiguidade clássica sustentaram a tese de que o sonho é uma atividade psíquica que obedece às leis do espírito humano, ao invés de ser um produto sobrenatural ou um puro resíduo sem sentido da atividade anímica.[8]

O segundo elemento importante é a afirmação de que "o sonho nada mais é que uma realização de desejo".[9] Também esta tese não é nova. A novidade da afirmação de Freud é a de que os desejos que se realizam nos sonhos são desejos inconscientes.

O terceiro elemento é o que talvez encerre maior novidade. Trata-se da afirmação de que os desejos que se realizam nos sonhos são de natureza sexual. A tese de que o caráter distintivo das representações recalcadas reside no fato de serem provenientes da vida sexual já estava presente em textos anteriores, notadamente nos *Estudos sobre a histeria* e na Parte II do *Projeto de 1895.* O elemento que faltava ser acrescentado aos acima citados era a tese da sexualidade infantil e do que

7 *AE*, **4**, p.27; *ESB*, **4**, p.xli.
8 *AE*, **4**, p.29-33; *ESB*, **4**, p.1-6; *GW*, **2/3**, p.2-6.
9 *AE*, **5**, p.543; *ESB*, **5**, p.586; *GW*, **2/3**, p.555.

passou mais tarde a ser conhecido como "complexo de Édipo".

Acheronta movebo (Remover o mundo subterrâneo).

A afirmação da sexualidade infantil é comumente considerada como uma tese enunciada por Freud nos *Três ensaios sobre a sexualidade,* mas na verdade ela já vinha sendo insinuada há algum tempo. Até 1897, quando numa série de três cartas ele relata a Fliess seu descontentamento com o que chamava de "minha neurótica" (teoria das neuroses), Freud considerava que as experiências sexuais infantis eram sempre decorrentes da ação de fatores externos (violência por parte de um adulto). A criança era sempre sexualmente passiva. Mesmo quando faz a distinção entre histeria e neurose obsessiva, dizendo que na gênese da histeria havia uma experiência sexual prematura de natureza *passiva* (desprazerosa) enquanto que na neurose obsessiva essa experiência teria sido *ativa* e acompanhada de prazer (o que corresponderia à afirmação de uma sexualidade infantil autônoma), ele corrige acrescentando que, em todos os casos por ele observados, essa experiência de prazer era invariavelmente precedida de uma experiência puramente passiva.[10] Assim, tanto a histeria como a neurose obsessiva seriam decorrentes de um trauma sexual sofrido na infância pela ação perversa de um adulto.

Na carta de 21 de setembro de 1897 (Carta 69), ele já declara sua descrença nessa teoria: "Não acredito mais em minha neurótica." De fato, para que ela fosse válida, Freud teria de admitir uma quantidade desme-

10 Rascunho K, anexo à Carta 39, de 1º de janeiro de 1896, em: Freud, S., *Correspondência completa de Sigmund Freud para Wilhelm Fliess,* Rio de Janeiro, Imago, 1986 (Daqui por diante: *Correspondência*).

surada de adultos perversos cometendo atos perversos contra crianças, sendo que dentre esses adultos ele teria de incluir seu próprio pai. Na carta seguinte (de 3 de outubro de 1897), escreve a Fliess: "Posso esclarecer que meu velho não desempenha nenhum papel ativo em meu caso, mas que sem dúvida fiz uma inferência sobre ele, por analogia, a partir de mim mesmo", o que significa que se o papel ativo não podia ser atribuído ao pai, deveria ser atribuído a ele mesmo.

Na carta seguinte a essa (Carta 71), ele faz finalmente sua grande descoberta:

> Uma única idéia de valor geral despontou em mim. Descobri, também em meu próprio caso, [o fenômeno] de me apaixonar por mamãe e ter ciúme de papai, e agora o considero um acontecimento universal do início da infância, mesmo que não [ocorra] tão cedo quanto nas crianças que se tornam histéricas.... Se assim for, podemos entender o poder de atração de *Oedipus Rex*,... a lenda grega capta uma compulsão que todos conhecem, pois cada um pressente sua existência em si mesmo. Cada pessoa da platéia foi, um dia, um Édipo em potencial na fantasia, e cada uma recua, horrorizada, diante da realização de sonho ali transplantada para a realidade, com toda a carga de recalcamento que separa seu estado infantil do estado atual.[11]

A descoberta do complexo de Édipo é um marco decisivo para a constituição da teoria psicanalítica; a partir dela, a postulação da existência da sexualidade infantil era inevitável, tanto que num trabalho escrito em fevereiro de 1898, poucos meses depois da Carta 71, Freud afirma que é errônea a atitude que muitos adultos tomam de não consideração pela vida sexual das crianças: "Até onde alcança minha experiência, elas são capazes de todas operações sexuais psíquicas, e de muitas somáticas", não sendo certa, portanto, a suposição de

11 Freud, S., op. cit., tradução de Vera Ribeiro.

que a vida sexual do ser humano começa apenas na puberdade.[12] Na espécie humana, contudo, essa atividade sexual infantil é entravada, aparentemente para servir posteriormente a fins culturais.

A partir desse ponto, todos os ingredientes necessários para "remover o mundo subterrâneo" já estavam à disposição de Freud. Sem dúvida alguma, estavam apenas esboçados, mal articulados, sendo que alguns ainda em estado de crisálida, como é o caso do inconsciente. O primeiro passo para a articulação teórico-conceitual dessas idéias foi *A interpretação do sonho*, particularmente os capítulos sobre o trabalho do sonho (capítulo 6) e o famoso capítulo 7, que recebeu por título "Sobre a psicologia dos processos oníricos".

O sonho e sua interpretação.

O título — *Die Traumdeutung* — antecipa a declaração que Freud faz no parágrafo inicial do seu livro: a de que os sonhos são suscetíveis de serem interpretados através de uma técnica científica. Isto significa afirmar que eles possuem um *sentido* e que por isso podem ser inseridos na cadeia anímica da vigília. Com essa afirmação, Freud opera dois cortes. O primeiro, com a tradição que via nos sonhos uma atividade anímica cuja inteligência era referida ao divino e ao sobrenatural; o segundo, com o cientificismo, que considerava o sonho um mero resíduo da atividade anímica ou da atividade corporal, destituído de qualquer sentido e valor.

12 *AE*, **3**, p.272-3; *ESB*, **3**, p.307; *GW*, **1**, p.511.

Todo o material que compõe o conteúdo do sonho procede de nossas experiências, daquilo que foi por nós vivenciado na vigília.[13] Esse material é recordado no sonho, embora não seja imediatamente reconhecido pelo sonhador como sendo originário de suas próprias experiências; e esta é uma das características do conteúdo onírico manifesto, a de ser experimentado pelo sonhador como algo que lhe é estranho, como não sendo uma produção sua.

A principal fonte desse material presente no sonho são as experiências infantis, experiências estas que não são recordadas nem utilizadas pelo pensamento da vigília,[14] como tampouco são reconhecidas pelo próprio sonhador. Esse material não se torna matéria-prima do sonho pelo seu caráter extraordinário, pela relevância que pode ter tido na história da nossa infância, nada que aos olhos de um observador externo pudesse se constituir como um fato notável em nossa vida. Ao contrário, são pequenos fragmentos, detalhes sem colorido, experiências cinzas, pensamentos vagos e fugidios, que vão se constituir como matéria-prima dos sonhos.

Se o sonho é recordação de experiências passadas, essa recordação se dissipa após o despertar. Sabemos do sonho pela recordação lacunar que dele temos logo que acordamos; trata-se pois da recordação de uma recordação, sendo que esta vai se dissipando progressivamente com o correr do dia a ponto de restarem apenas pequenos fragmentos de memória. Em grande parte dos casos o esquecimento é completo, sendo que muitas vezes sequer nos lembramos de termos sonhado.

Essa dissipação do sonho logo após o despertar deu lugar a críticas quanto à validade do procedimento

13 *AE*, **4**, p.38; *ESB*, **4**, p.11; *GW*, **2/3**, p.10.
14 *AE*, **4**, p.42; *ESB*, **4**, p.15; *GW*, **2/3**, p.16.

freudiano. Se o que recordamos do sonho são fragmentos desconexos e se em alguns casos sequer nos lembramos do fato de termos sonhado, qual a garantia que podemos ter de que o material interpretado foi sonhado tal como o recordamos ou mesmo de que foi sonhado e não construído na vigília?

A memória pode falsear o sonho de várias maneiras. Primeiro, oferecendo-nos os aspectos menos importantes e significativos enquanto os verdadeiramente importantes permanecem esquecidos; segundo, distorcendo e mutilando de tal forma o sonho que o que resta não possui nenhum valor para a interpretação; terceiro, acrescentando material que não pertencia originalmente ao sonho; em suma, ele pode ser distorcido tanto por mutilação como por acréscimo, de tal forma que acabamos tratando "como um texto sagrado o que na opinião de outros autores não seria senão uma improvisação arbitrária".[15]

Freud não nega que, além da deformação a que são submetidos os pensamentos latentes pela elaboração onírica, o sonho seja também deformado pelo pensamento da vigília (o que ele denomina de *elaboração secundária*), o que ele nega é que essa deformação desqualifique a interpretação. O simples fato da interpretação de um sonho implicar sua transformação de imagem em palavras já resultaria numa deformação. A deformação decorrente do esquecimento seria, assim, apenas um caso de transformação sofrida pelo material onírico.

O que Freud defende, e esta é uma tese central de sua teoria dos sonhos, é que as modificações às quais o sonho é submetido não são arbitrárias, mas que obede-

15 *AE*, **5**, p.508; *ESB*, **5**, p.548; *GW*, **2/3**, p.518.

cem ao determinismo psíquico. Nada há de arbitrário nas transformações sofridas por um material psíquico, seja ele qual for. A transposição do sonho em palavras obedece a um rigoroso determinismo, que é o que torna possível não apenas a interpretação dos sonhos mas também o trabalho de interpretação presente na prática psicanalítica em geral.

Na verdade, e pode soar estranho, o importante para Freud, nesse trabalho de restauração do que foi perdido para a lembrança consciente, não é a recuperação do sonho propriamente dito, "isso não tem importância",[16] o que de fato importa são os pensamentos oníricos aos quais ele remete. E Freud é de opinião que, a partir de um único fragmento, é possível resgatar, pela análise, tudo aquilo que foi perdido pelo esquecimento.

Isto não quer dizer que uma vez obtida uma interpretação coerente, plena de sentido, tenhamos esgotado o trabalho interpretativo. Um mesmo sonho pode dar lugar a diferentes interpretações (a sobredeterminação do sonho dá lugar à sobreinterpretação) e, em princípio, a produção de sentido a partir do material onírico é interminável. Mesmo a interpretação mais completa, aquela que aparentemente teria fornecido a inteligibilidade de todos os elementos do conteúdo do sonho, esbarra com um lugar de sombras, um ponto do sonho no qual o emaranhado de pensamentos oníricos não pode ser desemaranhado, "este é o umbigo do sonho, o lugar onde ele se assenta no desconhecido".[17]

16 *AE*, **5**, p.512; *ESB*, **5**, p.552; *GW*, **2/3**, p.522.
17 *AE*, **5**, p.519; *ESB*, **5**, p.560; *GW*, **2/3**, p.530.

2

Das Afasias à Interpretação dos Sonhos

Uma primeira aproximação quanto à natureza do sonho pode ser feita a partir da afirmação de Freud, na Carta 52, de que o aparelho psíquico é fundamentalmente um aparelho de memória.[1] E se aceitarmos a idéia de que em seu texto *Sobre as afasias*, de 1891, Freud não apenas nos oferece um modelo de aparelho de linguagem, mas que este modelo é já o de um aparelho psíquico, teríamos que o aparelho psíquico (ou aparelho anímico, como prefere Freud) é um aparelho de linguagem e um aparelho de memória, ou ainda, que a memória desse aparelho é memória de linguagem, de uma escritura. Sendo assim, o sonho, na medida em que possua um sentido e que possa ocupar um lugar na trama da atividade anímica da vigília, deverá ser entendido em função dessa dupla referência: memória e linguagem.

Aparelho de linguagem.

Na introdução do volume anterior,[2] comentei a possível inadequação de se estabelecer uma ruptura entre o *Projeto de 1895* e *A interpretação do sonho.* E falo em

1 *AE*, **1**, p.274-80; *ESB*, **1**, p.254-9; *AdA*, p.150-1; ver também: Garcia-Roza, *Introdução à metapsicologia freudiana*, vol.1, p.197 e seg. (Doravante: *IMF*, vol.1).

2 O percurso freudiano desde *Sobre as afasias* até a Carta 52 foi objeto de análise em *IMF*, vol. 1.

"possível inadequação" porque não há, até o momento, consenso entre os comentadores quanto a haver ou não ruptura entre os dois momentos da obra freudiana. Poderíamos argumentar que se trata de um pseudoproblema ou de algo que não se coloca mais como problema, ecos da fase althusseriana (ou ainda bachelardiana) pela qual todos os que "militávamos" intelectualmente na década de sessenta passamos. No entanto, no que se refere aos textos de Freud, não se trata de uma questão supérflua. Da resposta pode resultar uma desqualificação do *Projeto* e dos textos que lhe são contemporâneos como sendo textos "pré-psicanalíticos", o que lhes retiraria todo o valor explicativo para a teoria psicanalítica.

Se sob certos aspectos o *Projeto* pode ser considerado um texto pré-psicanalítico,[3] sob outros aspectos ele antecipa algumas das idéias mais importantes de *A interpretação do sonho,* sendo que algumas dessas idéias já estavam presentes no texto sobre as afasias, a primeira delas dizendo respeito ao aparato anímico entendido como um aparelho de linguagem.

Quando em 1891 Freud escreve *Sobre as afasias,* sua intenção declarada não era a de elaborar um modelo de aparato anímico, mas de nos oferecer um modelo do aparelho de linguagem. O resultado, no entanto, ultrapassou os limites inicialmente propostos. Freud não concebe um aparelho que o indivíduo já traga com ele ao nascer, pronto e acabado, analogamente aos aparelhos físicos que compõem o corpo biológico. O aparelho de linguagem (*Sprachapparat*) forma-se aos poucos, elemento por elemento, na relação com um outro aparelho de linguagem, e é apenas por referência a esse outro que ele funciona.

3 Ver Garcia-Roza, *IMF*, vol.1, Introdução.

É importante que se entenda esse "outro" como sendo outro aparelho de linguagem e não como sendo o mundo. O mundo não é capaz, por si só, de produzir um aparelho de linguagem. É apenas no seio de uma pluralidade de aparelhos de linguagem que um novo aparelho de linguagem poderá surgir.[4]

Nesse aparelho, as palavras (ou as *representações-palavra*) adquirem seu significado pela relação que a *imagem acústica* do complexo representação-palavra mantém com a *imagem visual* do complexo formado pelas associações de objeto. E, aqui, Freud inova em termos de teoria da percepção. O que se contrapõe à palavra não é o objeto.

Nesse aparelho, a representação-objeto não está ali pronta, à espera da representação-palavra para que se produza o significado. Melhor dizendo, a percepção não oferece *objetos* com os quais a palavra vai se articular para obter seu significado. A percepção pura e simplesmente não oferece objetos. Aquilo que ela recebe do mundo não são imagens de objetos, mas imagens elementares (visuais, táteis, acústicas etc.) que vão constituir o complexo das *associações de objeto* (e não da *representação-objeto*). Essas associações de objeto, por si mesmas, não formam uma unidade, não formam *um objeto;* é apenas na relação com a representação-palavra que essa unidade (esse *um*) vai surgir. É a palavra que constitui o objeto como objeto, e é este que fornece à palavra seu significado. Portanto, o que fornece ao objeto seu significado, e *a fortiori* sua unidade, não é a coisa externa, mas a articulação das associações de objeto com a palavra.

Essa idéia de que a relação entre as *associações de objeto* e a *coisa* é uma relação *sígnica,* enquanto que a

4 Cf. Nassif, J., *Freud l'inconscient*, Paris, Galilée, 1977, p.399.

relação entre as *associações de objeto* e a *representação-palavra* é uma relação *significante* (ou simbólica, como a denominava Freud), por si só justificaria o ensaio sobre as afasias.

Mas tem mais. Se a palavra é uma representação complexa que inclui elementos acústicos, visuais e cinestésicos, a mais elementar operação da linguagem somente é possível através de um processo de associação implicando funções relativas a pontos distintos do território da linguagem. É em termos de *vias de associação* (as *Bahnungen*, do *Projeto de 1895*) que a ordem do aparelho de linguagem vai se constituir.

A novidade da concepção freudiana consiste em pensar o processo associativo não apenas como associação entre *elementos* (este é o caso da representação-palavra, considerada isoladamente: enquanto representação complexa, resulta da associação entre elementos acústicos, visuais e cinestésicos) mas também, e principalmente, como associação entre associações: as associações que as *vias de associação* (as *Bahnungen*) estabelecem umas com as outras. Como essas vias são móveis e estão sujeitas a entrecruzamentos os mais variados, temos que o aparelho de linguagem é capaz do que Freud denomina de *superassociação,* o que o transforma numa intrincada trama de caminhos associativos dando lugar ao que mais tarde será pensado, no capítulo 6 de *A interpretação do sonho,* em termos de condensação e deslocamento (e bem mais tarde, com Lacan, em termos de metáfora e metonímia).

Um outro ponto que atesta a genial intuição de Freud está ligado ao próprio tema do seu ensaio — trata-se da questão das *parafasias.* A parafasia é uma perturbação da linguagem na qual o discurso bem arrumado é invadido ou atropelado por uma má-formação, de tal forma que uma palavra adequada é substituída por outra menos adequada mas que mantém com ela uma certa relação. É o caso, por exemplo, da troca, numa frase, da palavra *Butter* (manteiga) pela palavra *Mutter* (mãe), ou ainda da fusão de palavras, como *Vutter* no lugar de *Mutter* (mãe) ou *Vater* (pai). Jacques Nassif emprega o termo "efeitos de sujeito" para designar essas alterações no discurso bem-formado produzidas na parafasia.

A aproximação das parafasias com a metáfora e a metonímia, ou ainda com a concepção lacaniana do sujeito definido como efeito do significante, é quase que inevitável, o que tornaria também inevitável afirmarmos que já estaria presente no texto de 1891 a noção de inconsciente. Convém lembrar, contudo, que nessa data Freud ainda considerava essas produções do aparelho de linguagem como expressivas de seu mau funcionamento, como restos de linguagem que deveriam ser corrigidos ou eliminados.

A verdade é que o aparelho de linguagem concebido em 1891 ultrapassou seu próprios limites. De *aparelho de linguagem* ele acaba se transformando no primeiro modelo freudiano de *aparelho psíquico.* Modelo ainda inadequado para dar conta da multiplicidade e da complexidade dos fenômenos que Freud pretende abarcar, mas sem dúvida um modelo que transborda a si mesmo. Muito embora o próprio Freud não tenha se dado conta do alcance das teses contidas em *Sobre as afasias,* elas apontam para as idéias de *sobredeterminação,* de *divisão do sujeito* e de *inconsciente.* O passo seguinte é dado com o *Projeto de 1895.*

Aparelho de memória.

O atributo essencial do aparato anímico cujo modelo Freud elabora no *Projeto de 1895* é a memória. E o fundamental dessa memória é que ela não se acrescenta secundariamente ao aparelho. Dizer que o aparato anímico é um aparato de memória significa dizer que desde o começo a memória está presente, que mesmo a descarga, dita primária, não se faz sem a função secundária (fuga ao estímulo e ação específica), e portanto sem a memória.[5] É pela memória ou enquanto memória que o aparato anímico se constitui.

A importância que Freud atribui à memória pode ser avaliada por sua adesão às frases de Scholz e de Delboeuf que ele transcreve: "Nada do que tenhamos possuído alguma vez no espírito pode perder-se inteiramente", ou ainda: "Toda impressão, mesmo a mais insignificante, deixa um traço inalterável, indefinidamente capaz de ressurgir um dia".[6]

Embora seja possível encontrarmos aqui alguma semelhança com a tese de Bergson da conservação integral do passado, devemos ter em conta que Freud está falando da permanência de *traços* e não da lembrança de um acontecimento. O traço permanece para sempre, mas o que se repete como memória não é o traço enquanto inalterado e sim as diferenças entre os trilhamentos (*Bahnungen*).[7] Embora os traços sejam permanentes, a memória é sempre uma memória diferencial.

Estamos acostumados a pensar o *Projeto* como um texto que nos fala de neurônios e quantidades, texto que nos oferece um modelo de aparato neuronal segundo uma concepção quantitativa, o que em parte é verdade mas que não é toda a verdade. Sem dúvida Freud nos fala de neurônios, mas nos fala também de representações (*Vorstellungen*), assim como também é verdade que nos propõe uma concepção quantitativa, embora

5 Cf. Garcia-Roza, *IMF*, vol.1, p.205-6.
6 *AE*, **4**, p.46; *ESB*, **4**, p.20; *GW*, **2/3**, p.21.
7 *AE*, **1**, p.345; *ESB*, **1**, p.320; *AdA*, p.309.

seja discutível se está nos falando de quantidades ou de intensidades.[8] O fato, porém, é que através de noções como as de *investimento colateral, ligação, barreiras de contato, trilhamento* (*Bahnung*), *signo de realidade* ou *signo de qualidade,* Freud nos oferece um fantástico (nos dois sentidos do termo) modelo da subjetividade humana.

A noção de *Bahnung* (facilitação ou trilhamento) responde pelo percurso de uma excitação pela trama dos neurônios. Trata-se de uma trama de caminhos neuronais, facilitadores em certas direções e dificultadores em outras, formando uma cadeia de percursos diferenciados para a excitação. A noção de *Bahnung* é indissociável da noção de *barreiras de contato* (as sinapses neuronais), pois são estas últimas que vão oferecer resistência à passagem da excitação ou que vão facilitar a passagem, funcionando como uma espécie de *relais,* deixando passar a excitação numa determinada direção e não em outra, dando lugar à repetição de percursos facilitados.

A memória, segundo Freud, consiste precisamente nessa repetição diferencial: "A memória está constituída pelas diferenças nas facilitações entre os neurônios ψ".[9] Atentemos para a frase de Freud: a memória está constituída pelas *diferenças nas facilitações.* Realmente, diz ele, se a facilitação fosse igual em todas as partes, não teríamos como explicar a preferência por um caminho em detrimento de outros. A memória não é um processo mecânico pontual, não é a reprodução sempre idêntica de um traço imutável, mas um processo que implica um diferencial de valor entre caminhos possíveis.

8 Ver *IMF,* vol.1, p.82-7.
9 *AE,* **1**, p.344-5; *ESB,* **1**, p.320; *AdA,* p.309.

A afirmação de que a memória não é uma propriedade que se acrescenta ao aparato anímico, mas que é fundadora desse aparato, pode parecer enigmática. De fato, como a memória pode ser primeira, ou melhor, como a repetição pode ser primeira? Se em termos do aparato anímico a memória é primeira, e se memória é repetição, o que ela repete? Ela repete a impressão? Mas, neste caso, a impressão seria primeira. Como manter a idéia de uma repetição que é primeira em relação a algo que ela repetiria?

A memória, no *Projeto*, é concebida como o poder que uma vivência tem de continuar produzindo efeitos. E esse poder depende de dois fatores: da *magnitude da impressão* e da *repetição*.[10] Isto não quer dizer que a repetição seja repetição da impressão, que ela se acrescente à Q (*Quantität*), reforçando-a. Não há nada, no texto de Freud, que nos conduza a uma teoria da aprendizagem por reforço, assim como também não há nada que possa ser aproximado a uma fenomenologia da memória.

Por "magnitude da impressão", Freud entende a Qη (quantidade de excitação) que percorre o neurônio. A *quantidade*, diz ele, é o *fator eficaz* (*wirksame Moment*), enquanto que a *facilitação* (*Bahnung*) pode ser pensada tanto como efeito da Qη "como ao mesmo tempo aquilo que pode substituir a Qη".[11]

Estranha afirmação esta, que a facilitação pode ser tanto efeito da quantidade, como pode substituí-la funcionando como causa (acrescentando-se à Qη ou mesmo ficando no lugar dela), ao invés de ser um efeito.

10 Ibid.
11 Ibid.

E é aqui que Freud articula as noções de barreira de contato, de investimento colateral, de ligação (*Bindung*) e de facilitação (*Bahnung*).

Recorrendo à associação por contigüidade, ele diz que quando dois neurônios próximos (**a** e **b**) são investidos simultaneamente, fica facilitada a barreira de contato entre ambos, criando um investimento colateral de tal modo que a Qη circulante passa mais facilmente do neurônio **a** para o neurônio **b** do que para qualquer outro. O investimento colateral estabelece uma ligação (*Bindung*) da Qη, inibindo o processo primário.

Temos portanto como um dos fatores a *magnitude da impressão,* fator quantitativo (ou intensivo), sendo o outro a *repetição.* Esta não se confunde com uma simples repetição numérica, mas também não se identifica com a qualidade; não se trata aqui da distinção entre quantidade (magnitude da impressão) e qualidade (repetição).

A repetição não deve ser identificada com a qualidade; esta última é uma propriedade dos processos do sistema ω, da consciência, enquanto que a facilitação e a repetição dizem respeito ao sistema ψ de neurônios, e não ao sistema ω. A facilitação/resistência é efeito da quantidade (Qη) e da repetição, podendo no entanto ela mesma substituir a quantidade. De fato, se o investimento colateral cria uma espécie de campo unificado, ligando uma determinada quota de Qη e inibindo o processo primário — e considerando-se que uma Qη passa mais facilmente de um neurônio investido para outro neurônio investido do que para um neurônio não investido —, a facilitação passa a desempenhar, no que se refere ao curso da Qη, um papel equivalente ao do investimento.[12] Esta é a razão da passagem do texto de

12 *AE*, 1, p.364; *ESB*, 1, p.423, *AdA*, p.327.

Freud onde ele afirma que a facilitação pode substituir a quantidade.

Mas a questão que apontei acima não foi especificamente esta, mas sim a de como a repetição pode ser primeira, o que corresponde a afirmar a memória como sendo primeira em relação ao aparato psíquico ao invés de ser decorrente dele. Convém ressaltar que as próprias noções que Freud reconhece como ponto de partida para seu esboço da estrutura mínima do aparato anímico — barreira de contato, investimento colateral, ligação, facilitação — são noções referentes às estruturas de retardamento e que elas constituem as noções mais fundamentais do *Projeto de 1895.*

A noção de retardamento ou atraso (*Verzögerung* ou *Verspätung*) é aqui de fundamental importância. Em geral traduz-se *Verspätung* por "atraso" e *Verzögerung* por "demora" ou por "retardamento", embora em português a diferença quase que inexista; as frases "cinco minutos de atraso" e "cinco minutos de demora" podem ter empregos idênticos. Freud emprega os termos *Verspätung* e *Verzögerung* alternadamente. Assim, quando quer se referir à puberdade tardia no ser humano, emprega tanto o termo *Pubertätsverzögerung* [13] quanto *Pubertätsverspätung* [14], sendo que em *Moisés e o monoteísmo* utiliza ainda o termo *Aufschub* (demora) lado a lado com *Verspätung.*[15] Quando quer se referir ao retardamento dos processos secundários, emprega preferencialmente *Verspätung.*[16]

Paes de Barros, em seu artigo dedicado à metapsicologia freudiana, denomina *delaying structures* (estruturas de retardamento ou de atraso) as estruturas que

13 *AdA*, p.356.
14 *AdA*, p.359.
15 *GW*, **16**, p.180.
16 Por exemplo, em *GW*, **2/3**, p.609.

constituem o fundamento topográfico do aparato psíquico. Correspondem (1) às barreiras de contato, que inibem a função neurônica primária; (2) às facilitações entre os sistemas ψ *núcleo* e ψ *pallium*, que inibem a função neurônica secundária (ação específica); e (3) ao investimento colateral, que inibe o processo psíquico primário dando lugar aos processos secundários.

As estruturas de retardamento dizem respeito sempre ao sistema ψ de neurônios, a maioria delas ao ψ *pallium*, sendo que apenas aquelas que correspondem ao investimento colateral do eu (*Ich*) pertencem ao ψ *núcleo*.[17] As estruturas de retardamento têm portanto uma função ordenadora, são estruturantes do aparato psíquico, o que pode ser depreendido da afirmação de Freud, logo no início do *Projeto*, de que a formação das *barreiras de contato* e das *facilitações* é um *princípio de diferenciação* do aparato neuronal.[18]

O retardamento não é, contudo, um mero mecanismo de postergação, não se refere a um primeiro termo adiado, não designa o fato de algo que deveria acontecer num momento A vir a acontecer somente num momento B. "Pela palavra atraso [*Verspätung*]", escreve Derrida, "é preciso entender outra coisa diferente de uma relação entre dois presentes; é preciso evitar a representação seguinte: só acontece num presente B o que devia (teria devido) produzir-se num presente A ('anterior')".[19] O próprio retardamento é originário. Não se trata, portanto, de uma noção descritiva, mas de um conceito explicativo que, juntamente com o conceito

17 Barros, C.P., "Thermodynamic and Evolutionary Concepts in the Formal Structure of Freud's Metapsychology", in: S. Arieti, *The World Biennial of Psychiatry and Psychotherapy*, N. York, Basic Books, 1970, p.86-7.
18 Freud, **1**, p.343 (O verbo *verspäten* significa também "diferir").
19 Derrida, J., "Freud e a cena da escritura", in: *A escritura e a diferença*, S. Paulo, Perspectiva, 1971, p.188n.

de posterioridade (*Nachträglich/Nachträglichkeit*), vai tornar inteligível a concepção freudiana da temporalidade e da causalidade psíquicas. O que o conceito de retardamento coloca em questão é a própria noção de originário ou de primariedade.

No capítulo 7 de *A interpretação do sonho*, Freud diz que quando chamou *primário* a um dos processos psíquicos, ele o fez não apenas por referência a uma ordem hierárquica e a um modo de operação, mas também por referência a uma ordem cronológica, posto que os processos primários existem desde o começo, enquanto que os secundários vão se constituindo pouco a pouco no curso da vida.[20] O interessante, contudo, é que no meio do parágrafo onde faz esta afirmação, ele afirma também que "um aparato psíquico que possua unicamente o processo primário não existe", seria "uma ficção teórica".

O que está claramente declarado aqui é que processos primários e processos secundários surgem simultaneamente, ou, se preferirmos, que o próprio sentido de "primário" é colocado em questão. É por referência ao processo secundário que o processo primário se define. Não há, neste sentido, *primeiro* um processo primário e *depois* um processo secundário. Um aparelho psíquico dotado exclusivamente de processo primário não seria um aparelho psíquico, e a bem da verdade, não seria sequer um aparelho.

Aparelho psíquico.

O aparelho psíquico não é psíquico. Esta pode parecer uma frase de efeito para impactar o leitor, mas na verdade sequer pode ser considerada como uma frase

20 *AE*, **5**, p.592; *ESB*, **5**, p.642; *GW*, **2/3**, p.609.

original; já foi enunciada, com pequenas variações, por dois autores há cerca de três décadas: Jacques Lacan[21] e Jacques Derrida.[22]

No começo de sua produção teórica, Freud concebe o aparato psíquico primeiro como um *aparelho de linguagem* e, em seguida, como um *aparelho de memória;* a partir de *A interpretação do sonho,* ele passa a falar de um modo mais determinado em *aparelho psíquico.* Esse desenvolvimento inicial do seu trabalho poderia sugerir três modelos diferentes de aparelho, evoluindo de um aparelho de linguagem para um aparelho psíquico. Não me parece, porém, ser o caso. Os três modelos são de um *aparelho psíquico,* embora o de 1891 (*Sobre as afasias*) seja nomeado *aparelho de linguagem,* o de 1895 seja referido como *aparelho neuronal* e na Carta 52 Freud faça referência a um *aparelho de memória.* O que temos em cada um desses textos são, a meu ver, diferentes ênfases sobre o aparelho psíquico, sendo surpreendente que desde o primeiro modelo ele já conceba este aparelho como um aparelho de linguagem, ou, se se pretender um rigor maior com relação à letra do texto, poderemos dizer que foi a partir de um modelo de aparelho de linguagem que Freud elaborou seu modelo de aparelho psíquico.

O essencial a ser destacado é essa determinação pela linguagem. Freud não concebe o aparelho de linguagem como constituído na relação com o mundo, mas como construído na relação com um outro aparelho de linguagem.

É portanto na relação ao *outro* enquanto falante que o aparelho de linguagem se forma, e não na relação ao outro enquanto objeto do mundo. E Freud é ainda mais radical quanto a este ponto: mesmo o *outro,* enquanto

21 Lacan, J., *O seminário,* Livro 2, Rio de Janeiro, Zahar, 1985, p.170.
22 Derrida, J., op.cit., p.206.

objeto do mundo, só se constitui como *objeto* a partir da linguagem. Não é a coisa o que fornece unidade ao objeto (entendido aqui como *Objektvorstellung*). O que a coisa fornece são elementos sensíveis, impressões, que somente adquirirão unidade de objeto a partir da linguagem, mais especificamente da relação que esses elementos mantêm com a representação-palavra. Sem essa articulação representação-coisa e representação-palavra não apenas não há aparelho de linguagem, como não há aparelho psíquico.

É importante que seja concedida a devida ênfase a este ponto, pois ele representa uma reviravolta no próprio conceito de percepção tal como era pensado pela psicologia da época (e tal como continuou sendo pensado ainda durante muitos anos). A representação-objeto (*Objektvorstellung*) não é a representação *de* um objeto externo existente no mundo, não é a coisa (*Ding*) do mundo que fornece à representação-objeto sua unidade e seu conceito (cadeira, mesa, pessoa, etc); o que a coisa externa fornece são "associações de objeto", isto é, imagens elementares visuais, acústicas, táteis etc, que, a partir da relação com as representações-palavra, vão formar o objeto.

A representação-objeto não é, portanto, uma representação icônica da coisa, não é semelhante à coisa, mas apenas *índice* da coisa. Seu significado é dado pela representação-palavra e não pela coisa. Isto quer dizer que as *Vorstellungen,* as representações, sejam elas representação-palavra ou representação-objeto, remetem-se umas às outras de tal maneira que formam entre si uma trama ou uma rede de articulações, de signos — signos que na sua função significante remetem a signos e não a coisas. E isto, bem antes de Saussure, e muito antes de Lacan.

É impossível, portanto, imaginarmos o aparelho psíquico como algo que se esgota em si mesmo. Não se trata de um aparelho já pronto que, em seguida, entra em relação com o outro e com o mundo. O aparelho psíquico não é *em-si*, é *para-outro*, e é nessa relação ao outro que se constitui a *consciência-de-si*.

Ressonâncias hegelianas? Talvez. O fato é que Freud se refere a Hegel uma única vez em toda a sua obra, e assim mesmo de forma indireta. A verdade, porém, é que sua concepção do aparato psíquico encaixa-se perfeitamente com a tese fundamental de Hegel de que o desejo do homem é o desejo do outro, ou, se preferirmos, que o desejo humano é desejo de desejo.

Essa dependência fundamental do aparato psíquico para com a linguagem coloca uma outra questão: a do próprio estatuto do aparelho psíquico. O termo "aparelho psíquico" não deve ser tomado no sentido de aparelho "psicológico". O "psicológico" é empregado aqui para se contrapor ao corporal e não para apontar a psicologia como o campo das indagações freudianas.

O aparelho psíquico não é psíquico, isto é, aquilo que faz com que esse aparelho seja um aparelho não é da ordem do psicológico, mas da ordem da linguagem. Portanto, o aparelho psíquico é um aparelho simbólico e não um aparelho psicológico.

Como estes temas serão necessariamente retomados com mais detalhes nos capítulos que se seguirão, creio que podemos ficar, por enquanto, com as indicações acima. Qualquer análise, daqui para frente, fica na dependência daquela que Freud nos oferece no capítulo 6 da *Traumdeutung* e que se constitui como o suporte indispensável para o modelo de aparato psíquico desenvolvido no capítulo 7: trata-se do capítulo sobre o trabalho do sonho (*Traumarbeit*).

3

Impressão, Traço e Texto

Tenho procurado, até aqui, salientar a importância concedida por Freud à memória. Desde a afirmação contida na *Comunicação preliminar,* segundo a qual "o histérico padece principalmente de reminiscências",[1] passando pela declaração no início do *Projeto* de que toda teoria psicológica que se pretenda digna de consideração tem que fornecer uma explicação para a memória,[2] até a Carta 52 onde ele afirma que o reordenamento de traços mnêmicos responde pela própria formação do aparelho psíquico, Freud nada mais faz do que assinalar o lugar central que a memória ocupa em sua construção teórica.

No entanto, temos que nos precaver contra a idéia de que ele elabora uma teoria da memória entendida como memória-lembrança, memória de acontecimentos passados, memória da consciência. Não se trata, em Freud, de uma memória da qual possamos fornecer uma descrição fenomenológica, não é a mesma memória tomada como objeto de estudo da psicologia, como também não é a mesma da qual nos fala Bergson em seu livro *Matière et mémoire,* contemporâneo ao *Projeto* e à Carta 52.

A memória de que nos fala Freud é memória do sistema ψ de neurônios, portanto, memória inconsciente. Entre a teoria freudiana da memória e as teorias

1 AE, **2**, p.33; *ESB*, **2**, p.48; *GW*, **1**, p.86.
2 *AE*, **1**, p.343; *ESB*, **1**, p.399; *AdA*, p.308.

psicológicas ou filosóficas existentes na época, as semelhanças, quando existem, são apenas superficiais. Freud elabora uma teoria original.

Um outro aspecto, já destacado no capítulo anterior, é que na concepção freudiana do aparato anímico, a memória não é entendida como uma faculdade ou uma propriedade deste aparato, não é algo que surge depois do aparato já constituído, mas algo que é formador do próprio aparato. Não é o aparato psíquico que é pré-condição para a memória, mas, ao contrário, esta é que é pré-condição para que se forme o aparato psíquico. Para Freud, não há *psíquico* sem memória.

Os aspectos assinalados acima seriam suficientes para caracterizar a originalidade da concepção freudiana da memória. A referência a Bergson é pertinente porque seu livro *Matière et mémoire* foi publicado em 1896, contemporâneo portanto ao *Projeto* e à Carta 52, e constituiu-se como uma das mais importantes contribuições ao estudo da memória nessa virada do século. Além do mais, as contribuições iniciais de Bergson situam-se em grande parte no mesmo terreno das de Freud, o das afasias, com uma vantagem sobre este último: Bergson gozou de um prestígio junto aos neurologistas da época que Freud não conheceu. Enquanto o trabalho de Freud sobre as afasias, publicado em 1891, permanecia praticamente ignorado, Bergson recebia de Monakow, diretor do Instituto de anatomia cerebral de Zurich, o epíteto de "neurologista de gênio".[3]

Para que não se corra o risco de aproximar as duas teorias, com base em semelhanças superficiais, creio que vale a pena oferecer um esboço da concepção bergsoniana da memória.

3 Citado por J. Chevalier, *Bergson*, Paris, Plon, 1926, p.155n.

A memória em Bergson.

Entre as concepções bergsoniana e freudiana da memória há semelhanças irrecusáveis, mas há sobretudo diferenças profundas e essenciais. A tese de que o passado se conserva integralmente (embora não seja necessariamente recordado); o esquecimento concebido como ativo e não passivo (esquecemos por eficiência e não por deficiência, por desgaste do material mnêmico); o caráter seletivo da memória; a idéia de uma mudança contínua do material mnêmico (a memória não se dá sobre algo que permanece idêntico a si mesmo, mas sobre algo que muda continuamente, sendo que, para Bergson, ela é a própria mudança) — estas são algumas características comuns a ambos os autores no que se refere à teoria da memória.

Essas semelhanças são contudo superficiais, além de excessivamente genéricas, e não são suficientes para aproximar Freud e Bergson, cujas diferenças são profundas e irreconciliáveis.

A primeira diferença substancial diz respeito ao fato de que para Bergson a memória é inteiramente referida à consciência (quando Bergson emprega o termo "inconsciente", ele o faz para designar uma realidade física e não psicológica), enquanto que Freud elabora uma teoria da memória inteiramente referida ao sistema ψ que é, todo ele, inconsciente.

O segundo ponto de divergência decorre diretamente do assinalado acima. Em Bergson, a memória é memória-lembrança, memória de acontecimentos, enquanto que para Freud é memória do sistema ψ, memória de traços e de diferenças entre as *Bahnungen* (inconscientes), em nada semelhante à memória-*souvenir* de Bergson.

Um terceiro ponto distintivo reside no fato de que para Bergson a memória tem uma função adaptativa, está a serviço da adaptação à vida, enquanto que para Freud ela está a serviço do princípio de prazer, tendo muito pouco a ver com a manutenção da vida.

Essas diferenças são decorrentes de diferenças ainda mais profundas no modo de pensar de cada um deles. Bergson é um metafísico espiritualista preocupado em demonstrar a incapacidade da ciência para pensar a duração, o espírito e, *a fortiori*, a memória, posto que a ciência foi construída sobre conceitos elaborados para pensar a extensão e a quantidade e não a subjetividade, que é pura qualidade.

Não estou querendo dizer com isto que Bergson recuse o valor da ciência, mas sim que lhe atribui um objeto próprio — a matéria — recusando-lhe qualquer poder de entendimento sobre o espírito. A subjetividade, sob qualquer de suas formas, pode ser objeto apenas da *intuição* e não do pensamento conceitual, e o saber que lhe corresponde é a metafísica, que ele concebe como ciência da experiência que o espírito tem de si próprio. Para fazer desta ciência — a metafísica — a mais positiva das ciências, Bergson faz apelo aos dados imediatos da consciência, à experiência imediata. Estamos aqui muito distantes de Freud.

Não quero porém deixar a impressão, para o leitor que desconhece Bergson, que estou contrapondo Freud a um pensador menor, um "metafísico espiritualista" obscurantista que substitui o procedimento científico por um procedimento confuso que ele denomina de intuição. Bergson é um pensador extremamente rico, que pretende fazer da metafísica a mais positiva das ciências e cuja *intuição* é um método extremamente elaborado. Sobretudo, é importante desfazer a imagem de um Bergson considerado como psicólogo introspeccionista. Bergson não faz psicologia, sua teoria da memória é, no sentido rigoroso do termo, uma ontologia. *Matière et mémoire* contém uma das mais originais concepções da memória fornecida pela filosofia.

O tempo é, para Bergson, a própria substância da subjetividade e é entendido não como tempo cronológico (que na verdade é espaço e não tempo) mas como *durée,* duração, pura qualidade e não quantidade. A duração não é uma sucessão de instantes, pois neste caso não haveria senão o presente, mas um prolongamento do passado "roendo" o futuro. O passado não é o presente que passou, é ele mesmo passado que avança e aumenta sem cessar, conservando-se integralmente.

Enquanto em Freud há uma preocupação com o suporte cerebral para os processos psíquicos (no *Projeto* ele os considera *concomitantes dependentes*), em Bergson o cérebro e a subjetividade formam duas séries divergentes: matéria e memória, percepção e lembrança: objetivo e subjetivo.[4] Memória e percepção pertencem, portanto, a séries distintas. Enquanto a percepção está ligada ao cérebro e tem por função selecionar dentre os dados imediatos à consciência aqueles que favorecerão a adaptação, a memória é constituída de lembranças cuja "substância" é a pura duração.

Reencontramos em Bergson a tese cartesiana de uma substância espiritual distinta da substância material. Assim, o cérebro não se constitui como o suporte material das lembranças — estas não necessitam de suporte material, aquilo que as suporta é a própria substância espiritual, ou melhor, elas são a própria substância espiritual. Nas duas séries divergentes, o

4 Cf. G. Deleuze, *Le bergsonisme,* Paris, PUF, 1968, p.47.

cérebro faz parte da série da objetividade, enquanto que a memória pertence à série da subjetividade.

A pergunta de como uma lembrança se conserva (e para Bergson o passado se conserva integralmente) só pode ter uma resposta: uma lembrança se conserva nela mesma e não no cérebro. A essência da substância espiritual é durar, portanto, persistir.

A imagem que Bergson nos oferece da memória é a de uma bola de neve que vai aumentando à medida que rola; não há perda, há aumento progressivo, persistência do passado no presente empurrando o futuro. Não se trata de uma memória-arquivo que vai buscar num passado estático a marca de um acontecimento vivido, mas sim uma memória-duração que persiste e que insiste continuamente, tornando o passado contemporâneo do presente.

Essa persistência do passado não faz da memória um instrumento direto da ação e da adaptação (este é o papel da percepção). A tese da conservação integral do passado não pretende que o que era presente (percepção) virou passado (memória) e se conservou como um arquivo. A percepção não vira memória; percepção e memória, volto a frisar, pertencem a séries distintas. Talvez a melhor forma de se apontar a diferença fundamental que existe entre a percepção e a memória, segundo Bergson, é dizendo que a percepção tem um estatuto psicológico, enquanto que a memória tem um estatuto ontológico.[5]

Essa diferença fica clara quando Bergson distingue lembrança (*souvenir*) e evocação (*évocation*). Enquanto a evocação faz apelo à imagem, o que lhe confere seu caráter mais psicológico, a lembrança nos remete ao

5 Ponto de vista que é compartilhado por Hyppolite e Deleuze; Cf. Deleuze, op. cit., p.51n1.

passado, a uma pura virtualidade (lembrança pura). Neste nível (o da lembrança pura), a memória é impassível e inteiramente desvinculada de qualquer finalidade utilitária. Enquanto pura virtualidade, a lembrança não possui estatuto psicológico, ela nos remete à dimensão ontológica do ser humano, sendo que o apelo do presente é que vai conferir atualidade (e portanto utilidade e atividade) a essa virtualidade.[6]

Freud, mais ainda que Bergson, faz da memória o ponto em torno do qual gravitam suas primeiras considerações teóricas e clínicas. Tanto nos *Estudos sobre a histeria,* texto escrito em parceria com Breuer e voltado inteiramente para questões clínicas, como no *Projeto de 1895,* texto essencialmente teórico, a memória é um tema onipresente. No que se refere à clínica da histeria, a frase "o histérico padece principalmente de reminiscências" fornece a medida da importância concedida à memória; não é a experiência vivida pela criança que é considerada traumática, mas a sua lembrança. São as representações reinvestidas num *aprés coup* que vão produzir um efeito traumático e não o acontecimento na sua forma original.

Uma outra noção que desempenhou, na mesma época, um papel importante na teoria das neuroses foi a de *lembrança encobridora,* à qual Freud dedica um artigo — *"Über Deckerinnerungen"* — em 1899. As lembranças encobridoras são recordações de acontecimentos infantis que se caracterizam pela insignificância dos seus conteúdos mas que, apesar disso, não apenas não foram esquecidos como permaneceram na memória

6 Cf. Deleuze, op. cit., p.59.

com uma nitidez surpreendente. A tese de Freud é de que tais lembranças encobrem outras, estas sim importantes, numa solução de compromisso semelhante à do sintoma. O fato recordado permanece não porque é importante, mas é importante porque permanece e, enquanto resíduo arqueológico da história do indivíduo, funciona como índice do recalcado. Freud chega a formular a pergunta, no artigo de 1899, se teríamos alguma lembrança *da* infância ou se não seriam todas elas lembranças *sobre* a infância, portanto, encobridoras.

Um terceiro fato que atesta a importância da memória na teoria freudiana é a *amnésia infantil*, responsável pelo esquecimento de quase todos os acontecimentos dos primeiros anos da vida de um indivíduo. É a partir desse esquecimento que Freud postula uma pré-história da sexualidade do indivíduo. E este não é um fato a ser considerado como mera curiosidade da infância: "sem amnésia infantil", escreve Freud, "não haveria amnésia histérica",[7] o que significa que é a partir dessa sexualidade, sobre a qual incide de forma radical o esquecimento, que ele vai elaborar a teoria psicanalítica das neuroses.

Na verdade, se fôssemos assinalar todos os pontos da teoria freudiana em que a memória desempenha um papel importante, teríamos que percorrê-la de ponta a ponta. O que proponho resenhar e discutir é a contribuição inicial de Freud, contribuição esta que é indispensável para entendermos a concepção de aparato anímico apresentada no capítulo 7 de *A interpretação do sonho*.

7 *AE*, **7**, p.159; *ESB*, **7**, p.180; *GW*, **5**, p.76.

A memória em Freud.

Desde os seus primeiros textos, Freud toma a memória como a referência central em torno da qual elabora seus modelos de aparelho psíquico. Já vimos que esse aparelho é concebido, desde a primeira formulação de 1891, como um aparelho que articula de forma necessária representação e linguagem, isto é, imagens visuais, acústicas, táteis etc, e palavras (ou representações-palavra, para ser mais exato). Trata-se, portanto, de um aparelho concebido não apenas como um aparelho de memória, mas também como um aparelho de linguagem. Nem a memória, nem a linguagem são para este aparelho acidentais ou secundárias; sem uma ou outra, não há aparelho psíquico. Se assim é, o modo pelo qual essa memória se constitui, e ao mesmo tempo constitui o aparelho, não pode ser pensado sem a necessária articulação com a linguagem.

De que, então, essa memória é memória? Freud nos diz que se trata de uma memória de traços e que todo traço (*Spur*) é traço de uma impressão (*Eindruck*). Mas diz também, sobretudo a partir da Carta 52 e de *A interpretação do sonho,* que se trata da memória de algo que deve ser concebido como um texto (no caso, os sonhos).

Como conceber, a partir de tais afirmações, a diferença entre uma impressão, um traço e um texto (ou uma cena onírica)? Essas distinções não estão claras nos textos de Freud; freqüentemente ele emprega os termos impressão (*Eindruck*) e traço (*Spur*) alternadamente, além de raramente os dois termos aparecerem no mesmo texto. Geralmente, quando emprega um dos termos num texto, o outro não é empregado, dando a impressão de que seriam sinônimos, o que não é o caso.

Impressão (Eindruck).

A impressão é considerada por Freud como o momento primário da elaboração mnêmica. Ela se distingue do estímulo e da sensação assim como também da representação.

Anterior à inscrição (*Niederschrift*) e posterior à sensação, a impressão ocupa um lugar difícil de ser definido nesses começos da tópica freudiana. Um primeiro impulso é de considerarmos a impressão como o correspondente psicológico da excitação, que é de ordem neurológica. Essa distinção é contudo discutível já que a impressão é também explicada por Freud em termos neurológicos.

Em *Sobre o mecanismo psíquico dos fenômenos histéricos: comunicação preliminar* (1893), a noção de impressão está ligada à noção de trauma psíquico e à etiologia da histeria. Na discussão do caso "Katharina", por exemplo, Freud afirma que em todos os casos de histeria cujo fundamento é um trauma de natureza sexual encontramos "impressões da época pré-sexual" (*Eindrücke aus der vorsexuellen Zeit*) que adquirirão posteriormente, como recordações, valor traumático.[8] O caráter traumático não é dado pela impressão em si mesma, mas recorrentemente a partir da aquisição por parte do indivíduo do entendimento da sexualidade. É importante relembrar que nessa época Freud ainda não havia elaborado sua teoria da sexualidade infantil.

A impressão (posteriormente) traumática tem que ser mediatizada por algo que a represente, uma lembrança que a ela se ligue e que a presentifique não mais como impressão mas como símbolo mnêmico. A histeria implica uma simbolização como recurso para ligar

8 *AE*, **2**, p.148-9; *ESB*, **2**, p.182; *GW*, **1**, p.294.

essas duas heterogeneidades: a impressão e o acontecimento que a reatualiza.[9] Freud emprega o termo "símbolo mnêmico" (*Erinnerungssymbol*)[10] para designar essa produção da memória que articula a impressão infantil e o acontecimento que num *a posteriori* a reatualiza.

Nesses trabalhos iniciais, o termo impressão abarca uma diversidade de fenômenos referentes à primeira infância, nem sempre ligados a uma situação traumática. Neles a impressão é tomada num sentido mais passivo, próximo da noção de impressão sensorial (*Sinneseindruck*) à diferença do sentido mais ativo que Freud posteriormente confere à noção de impressão como, por exemplo, no caso do "Homem dos lobos" (1917), em *Além do princípio de prazer* (1920) e em *Inibição, sintoma e angústia* (1926).

Seja a impressão concebida como um processo ativo ou passivo, o fato é que Freud não considera a possibilidade dela ser conservada pela memória a não ser como traço ou como representação. Ela, por si mesma, não constitui lembrança, e não podendo ser lembrada, tem que ser reconstruída; é o que Freud faz no caso do "Homem dos lobos".

Considerada em si mesma, a impressão é exterior à linguagem e ao sentido, não se insere na cadeia significante por não estar ligada a outras impressões de modo a formar uma série significante. A impressão tem muito mais o estatuto de uma *Prägung* do que de um significante, ou, a se considerá-la como um signo, ela é mais da ordem do sinal ou índice do que da ordem do significante.

9 Cf. Dayan, M., "Freud et la trace — Le temps de la mémoire", in: *Topique*, n.11-12, p.13-4.

10 O termo é empregado pela primeira vez no artigo de 1894 *As neuropsicoses de defesa* (*AE*, **3**, p.51; *ESB*, **3**, p.61; *GW*, **1**, p.63).

Se consideramos a impressão como uma *Prägung*, como uma marca, temos que excluí-la do registro do imaginário e pensá-la como marca da irrupção do real, como uma forma de presentificação da libido ou, mais adequadamente, da pulsão de morte. A pergunta que surge inevitavelmente é a seguinte: se a impressão é uma marca (*Prägung*) e se ela não se constitui como representação, em que lugar essa marca se faz? Trata-se de uma marca psíquica, uma imagem elementar? Ou trata-se de uma marca corporal que não se inscreve no psíquico como traço?

Creio que é inútil procurarmos em Freud uma resposta cabal para estas perguntas; pelo menos não a encontraremos em seus textos iniciais. Mas a idéia freudiana de que as pulsões implicam uma exigência de trabalho feita ao psíquico talvez nos ajude a esclarecer alguma coisa a respeito da noção de impressão.

Me parece evidente que as impressões também fazem uma exigência ao psíquico, mais especificamente, uma exigência à memória. Essa exigência se faz sob a forma de uma exigência de trabalho ao aparato mnêmico, análoga ao trabalho do sonho, que é a de elaborar, sob a forma de um sistema de traços, as impressões entendidas como simples afecções psíquicas.

Uma outra questão é a da possibilidade da impressão ser conservada pela memória sem ser como traço ou como representação e, portanto, independentemente do imaginário e do recalque.

Não se trata de uma memória-lembrança, mas da permanência de algo que não foi inscrito no inconsciente mas que permaneceu como pura intensidade, memória da pura impressão e não do traço que a representa.

Se aceitarmos essa possibilidade, não seria o caso de a ela referirmos a angústia? A angústia é da ordem do *sinal* e não da ordem do significante, presta-se muito mais a uma explicação em termos de uma pura intensidade do que em termos da rede de significantes. Tal como a impressão, a angústia não é acompanhada de representação.

Quando, em *Inibição, sintoma e angústia,* Freud desenvolve sua hipótese da angústia como um sinal frente ao perigo — ou como uma reação frente à ausência do objeto, o que vem a dar no mesmo — ele toma o nascimento como o protótipo do estado de perigo. Claro está que o recém-nascido não forma uma representação psíquica da experiência do nascimento.

O que caracteriza essa vivência são expressões corporais tais como hiperatividade pulmonar e aceleração do ritmo cardíaco e não a formação de representações psíquicas; de qualquer forma, não é a formação de imagens visuais; se algumas imagens acompanham essa vivência, são sobretudo imagens táteis e olfativas. O que se repete nos estados de angústia são precisamente essas expressões corporais e não imagens da situação traumática original. Não há traço mnêmico, há apenas a expressão de uma pura intensidade sem conteúdo.

Minha pergunta é se não podemos entender essa repetição como repetição da impressão, portanto, de algo puramente intensivo, memória de impressão e não memória de traço.

A aceitação desta hipótese acarreta um problema: se se trata da memória de uma pura intensidade, onde ela se conserva? Se respondemos que ela se inscreve no inconsciente, então estamos falando de traço (com tudo o que a noção de traço implica) e não de impressão; se respondemos que ela se conserva enquanto marca corporal, teremos que referi-la à pulsão de morte, sob pena de respondermos a pergunta pelo caminho da fisiologia (além de eliminarmos a diferença entre impressão e excitação).

Também aqui o recurso aos textos freudianos não elimina inteiramente a possibilidade de respostas díspares. O certo é que Freud não confunde impressão com excitação ou com estímulo.[11] Se há uma certa indecisão inicial quanto ao emprego dos termos *impressão* e *traço*, essa indecisão não justifica a confusão que possamos fazer entre a impressão (de ordem psicológica) e a excitação (de ordem neurológica).

Se tomarmos como referência o esquema apresentado por Freud na Carta 52, creio que não resta nenhuma alternativa senão a de fazer corresponder a impressão aos *Wahrnehmungszeichen* (signos de percepção), entendidos estes como signos isolados, não ligados, e fazer corresponder os traços às inscrições destes signos no sistema inconsciente, quando então eles formarão um sistema de traços e não mais um registro de traços isolados.

A correspondência das impressões às *Wahrnehmungen* é problemática, posto que o sistema perceptivo, assim como o sistema consciência, deve permanecer inteiramente permeável à recepção de novos estímulos, não podendo, portanto, constituir memória. Já vimos que, para Freud, percepção e memória são mutuamente exclusivos, não podendo coexistir no mesmo sistema. O sistema perceptivo (W) é responsável pela receptividade sensorial, enquanto que o sistema consciência (Bew) é responsável pela resposta comportamental, não podendo a memória pertencer nem a um nem a outro.

Creio que a resposta a esta questão não poderá ser dada antes de discutirmos os conceitos de traço e de

11 Cf. *AE*, **23**, p.94; *ESB*, **23**, p.119; *GW*, **16**, p.205.

escritura, a fim de que possamos estabelecer com mais clareza a diferença existente entre eles.

Traço (Spur).

É em torno da noção de traço (*Spur*) que Freud vai desenvolver sua teoria da memória, sendo que não é demais relembrar que o termo *imagens mnêmicas,* tal como ele o emprega, não designa a memória consciente mas os traços inconscientes.

Todo traço é traço de uma impressão. O traço é a forma pela qual a impressão mantém seus efeitos. Diferentemente da impressão, ele supõe uma *inscrição,* sendo que o conjunto das inscrições forma um sistema de signos.

Em geral, quando Freud considera o aparelho psíquico em seu caráter estrutural, o termo empregado para designar o material mnêmico é *traço:* quando seu interesse é descrever a gênese do aparelho, o termo *impressão* encontra emprego mais adequado. No entanto, isto nem sempre é seguido à risca por Freud e, como critério distintivo entre os termos, é muito frágil.

O traço se constitui pela elevação de barreiras de contato resistentes ao livre escoamento da excitação. Este fato faz com que o conceito de traço nos remeta tanto ao registro psíquico (pois ele é traço de impressão e não de sensação ou de estímulo) quanto ao registro neurológico (já que ele depende da resistência oferecida pelas barreiras de contato entre os neurônios).

A formação do traço depende fundamentalmente de dois fatores: 1) da intensidade da impressão; 2) da repetição.

A ênfase concedida a esses dois fatores poderia dar a impressão de uma teoria da memória entendida como uma teoria do reforçamento. Não é esta, porém, a concepção de Freud. A intensidade da impressão vai ser responsável pela formação das barreiras de contato, mas estas não se constituem como meros diques represadores da excitação; sua função é muito mais próxima a de um *relais* do que a de uma simples barreira. O termo "barreira" deve ser tomado mais no sentido de barreira alfandegária (que controla o fluxo de entrada e de saída de estrangeiros) do que no sentido de um muro intransponível. Mais ainda: Freud concebe a memória como formada pelas *diferenças* entre as *Bahnungen* no sistema ψ de neurônios. Não se trata de uma memória estática, tal com na antiga teoria dos engramas, mas de uma memória diferencial na qual os traços, de tempos em tempos, são submetidos a retranscrições.

A noção de *diferença* é aqui fundamental. Se as barreiras de contato oferecessem a mesma resistência à passagem de Q em todas as direções, não haveria razão para a excitação seguir tal percurso ao invés de outro. É a diferença entre as *Bahnungen* (facilitações/resistências) que vai "decidir" a direção do fluxo de excitação.

Essa concepção supõe que a impermeabilidade dos neurônios ψ seja relativa. De fato, eles retêm excitação mas ao mesmo tempo deixam passar uma certa quantidade, sem o que não seria possível manter um fluxo de excitação em ψ. Não é pois a *retenção* a responsável pela memória, mas a *diferença das facilitações* (uma diminuição da resistência oferecida pelas barreiras de contato).

Se a memória se constitui pelas diferenças entre as facilitações — portanto pela diminuição da resistência oferecida pelas barreiras de contato entre os neurônios ψ fazendo com que o fluxo de excitação flua num sentido e não em outro — então a memória não resulta da *retenção* mas dessas diferenças das facilitações. *Bahnung* não é *Besetzung*, facilitação não é investimento, embora

Freud, ao descrever o mecanismo do investimento colateral, declare que "neste caso, o investimento demonstre ser, para o decurso de Qη, equivalente à facilitação".[12]

Não é a *retenção* a responsável pela memória, mas as diferenças nos percursos da excitação. Mais precisamente ainda, é a diferença nas barreiras de contato que dá lugar a um caminho preferencial. *Trilhamento* (*Bahnung*) e *diferença* são os constituintes da memória em ψ. Isto quer dizer que a memória não pode ser explicada apenas em termos de *Bahnungen* (facilitações), mas também em termos das diferenças entre as *Bahnungen.* É esta característica que impede que a noção de traço seja identificada ou mesmo aproximada à noção de engrama.

O outro fator responsável pela memória — a *repetição* — (o primeiro foi a intensidade da impressão) está mais sujeito a mal-entendidos. Segundo Derrida, a repetição "não acrescenta nenhuma quantidade de força presente, nenhuma intensidade, ela reedita a mesma impressão: tem contudo poder de exploração".[13] A magnitude da impressão (primeiro fator) é de ordem quantitativa, diz respeito à Qη que corre pelo neurônio; a repetição é de outra ordem, heterogênea à da intensidade da impressão. Ocorre porém que o número de repetições acrescenta-se à quantidade (Qη), podendo substituí-la, desempenhando o mesmo papel que ela e portanto tendo um poder de facilitação análogo à da intensidade da impressão. Isto não significa que a repetição se apresente como o fator qualitativo junto ao fator quantitativo representado pela intensidade da Qη. Na linguagem do *Projeto,* a qualidade é sempre referida ao sistema ω, portanto, à consciência, e a memória de que

12 *AE,* **1**, p.364; *ESB,* **1**, p.423; *AdA,* p.327.
13 Derrida, op. cit., p.185-6.

estamos tratando aqui é um processo interno ao sistema ψ, inconsciente.

"A repetição não sobrevém à primeira impressão, a sua possibilidade já ali está, na resistência pela *primeira vez* oferecida pelos neurônios ψ".[14] É essa oposição de forças (investimento e contra-investimento; intensidade da impressão e investimento colateral) que, ao se instaurar, instaura simultaneamente, nessa *primeira vez,* a repetição. "A própria resistência só é possível se a oposição de forças durar ou se repetir *originariamente*".[15] Este talvez seja o sentido da afirmação de Derrida segundo a qual a repetição *reedita* a mesma impressão (*reedição, reinscrição, retranscrição* etc).

Mas não é a mesma coisa falarmos em diferenças de quantidades e em diferenças de qualidade. As quantidades são a matéria-prima fornecida pelos estímulos, sensações e impressões. Freud, assim como a comunidade científica da época, não admite que o mundo externo possa fornecer qualquer coisa que não seja quantidade. A qualidade pertence apenas à consciência. De onde ela surge? Não do mundo externo, diz Freud, mas também não do aparato ψ. Este, enquanto memória, contém apenas quantidades e diferenças entre quantidades. A memória ψ é desprovida de qualidades.

A solução apresentada por Freud é explicar a diferença de qualidades, *diferença pura,* introduzindo a dimensão temporal através do conceito de *período.* O sistema ω, percepção-consciência, apropria-se do *período de excitação.* Trata-se aqui da diferença entre intervalos. Essa diferença não decorre de nenhuma quantidade, mas do tempo puro e dos espaçamentos referidos a este

14 Derrida, op. cit., p.186-7.
15 Ibid. (O grifo é meu).

tempo puro. Não há quantidade; há apenas qualidade (periodicidade).

O que Freud tenta elaborar, a partir daí, no *Projeto*, é uma *topografia dos traços*. Esse projeto de uma topografia ou de uma topologia, sofre uma significativa transformação a partir da Carta 52. Nela, "o traço começa a tornar-se escritura".[16] Derrida vê essa mudança como uma passagem do neurológico para o psíquico. Isto porque, segundo ele, no centro dessa carta, as palavras *signo* (*Zeichen*), *inscrição* (*Niederschrift*) e *transcrição* (*Umschrift*) conteriam uma evidente indicação de que estamos tratando de algo que é da natureza da escrita (*Schrift*).

Ocorre, porém, que já no *Projeto* Freud nos falava de signos (*Zeichen*) que remetiam a signos, de séries de signos, que, de maneira nenhuma, poderiam ser entendidos como signos de coisas. Na verdade ele já estava introduzindo a noção de cadeia de signos, portanto, algo muito próximo da escritura.

Texto.

Se é na Carta 52 que o traço começa a tornar-se escritura, é em *A interpretação do sonho* que o texto psíquico revela sua textura. A estrutura do aparelho e a textura do texto são indissociáveis, não havendo anterioridade de um sobre o outro, isto é, não podemos falar de uma anterioridade do aparelho em relação ao texto. Não é porque temos um aparelho psíquico capaz de produzir textos que estes são produzidos, mas, ao contrário, o aparelho se diferencia em seus vários sistemas atendendo a necessidades cada vez mais complexas de articulação en-

16 Derrida, op. cit., p.192.

tre as pulsões e as representações. É o texto psíquico, pela sua natureza de interdito, que impõe a divisão entre os sistemas psíquicos.

Deixarei a questão da estrutura do aparelho psíquico para discutir mais adiante. No momento, o que me interessa é a própria noção de *texto psíquico*, um texto que não é feito com palavras mas com imagens, mas que nem por isso deixa de ser estruturado como uma linguagem.

O que Freud nos propõe a partir da *Traumdeutung* é que pensemos o sonho como uma escritura psíquica. O sonho é uma encenação, mas não de um texto prévio que ele traduz em imagens; ele é o próprio texto, escritura feita de elementos pictográficos originais que não obedece a nenhum código anterior a ela própria. Mesmo quando utiliza elementos já codificados, quando recorre ao léxico da cultura, o sonho os submete a uma sintaxe própria. "O sonhador inventa sua própria gramática", escreve Derrida,[17] o que nos transforma em leitores-decifradores se queremos apreender seu significado.

Os sonhos não são ilógicos, ou somente o são se nos colocamos no lugar da lógica que rege os processos conscientes. Enquanto produções do inconsciente, possuem uma lógica própria, sendo que cada sonhador cria seu próprio código, de tal modo que, se o mesmo conteúdo se fizesse presente em dois sonhadores, o sentido não seria o mesmo.

"Na maioria das vezes os sonhos seguem antigas facilitações [*Bahnungen*]",[18] declara Freud no *Projeto*. Esta afirmação não corresponde à aceitação, por parte de Freud, de um processo regressivo que nos remeteria

17 Derrida, op. cit., p.196.
18 *AE*, 1, p.386; *ESB*, 1, p.449; *AdA*, p.345.

a um texto original do qual todos os demais textos psíquicos seriam transcrições distorcidas. Sem dúvida alguma há regressão, assim como também há distorção, o que não há é texto original, texto primeiro ao qual o sonhador impõe distorções protetoras do significado original.

Esses antigos caminhos que o sonho repete, ele os repete diferencialmente; não se trata de uma repetição do mesmo, do idêntico, mas de algo que se produz, a cada vez, a partir de uma matéria-prima que não é, ela própria, um *texto* original.

Mas o que justifica tratarmos o sonho como um texto? Por que considerá-lo como um texto ou uma escritura e não simplesmente um conjunto de traços, conjunto puramente aditivo sem nenhum caráter estrutural? Afinal de contas, se há algo que caracteriza o sonho manifesto é a natureza caótica e sem sentido de seu conteúdo. Por que, então, insistir em seu caráter estrutural e, mais ainda, em seu caráter de escritura psíquica? Insistir neste aspecto não corresponderia a impor ao processo primário uma organização que é própria do processo secundário?

O que Freud nos mostra, a partir da interpretação dos sonhos de seus pacientes e dos seus próprios sonhos, é que o sonho é um amontoado caótico de imagens sem sentido apenas se o encaramos do ponto de vista da organização pré-consciente/consciente, se tentamos impor-lhes a lógica que rege os processos conscientes. Esses mesmos sonhos, quando submetidos a uma análise a partir da teoria do inconsciente, revelam uma lógica própria capaz de desvelar toda a sua coerência e de nos indicar suas múltiplas possibilidades de sentido.

Sua natureza de texto psíquico não é imediatamente evidente. Primeiramente, porque não se trata de um texto feito com palavras, mas com imagens. E, mesmo quando as palavras fazem parte do seu conteúdo, elas não o fazem na condição de palavras mas na de imagens acústicas ou visuais. Por sua vez, as imagens no sonho não têm o valor de imagens, mas de signos que remetem a signos. Assim, num exemplo bastante simplista, se sonhamos com o Sol e com o jogo de dados, a imagem do Sol não nos remete necessariamente à estrela centro do nosso sistema planetário, assim como os dados não nos remetem aos jogos de azar, mas estas imagens podem nos remeter a "soldados". O sonho obedece a um modo de elaboração semelhante ao das cartas enigmáticas ou, mais precisamente ainda, ao do rébus. Tal como num ideograma, as imagens do sonho não remetem às coisas que elas supostamente representariam, mas remetem umas às outras produzindo um significado que nada tem, necessariamente, a ver com as referidas coisas.

Um outro fator responsável pela não identificação imediata do sonho com a escritura é a distorção a que ele é submetido por efeito da censura.

O sonho é não apenas um texto, mas o texto de uma mensagem cifrada, um enigma, que cabe ao destinatário decifrar. Quem é, porém, o destinatário? Mais ainda: quem é o remetente? Quanto a esta última pergunta, a resposta poderia ser simplesmente: "O próprio sonhador, é claro." Essa resposta aponta, contudo, para o indivíduo, para a pessoa do sonhador, e não necessariamente para o sujeito do sonho. A pergunta teria, então, que ser refeita. Quem é o sujeito do sonho? Não é, certamente, o eu. Aquilo que no sonho diz respeito ao sujeito está para além do eu, descentrado em relação ao eu, remete ao inconsciente ou, mais precisamente, ao sujeito do inconsciente.

Se a questão do remetente da mensagem, no sonho, não permite uma resposta simplista, a questão do destinatário dessa mensagem não é menos complexa. Seria o sonho, como a garrafa lançada ao mar pelo náufrago, uma mensagem cujo destinatário somos nós, recolhedores dessa mensagem e decifradores do seu conteúdo? Recolocando a pergunta: O sonho faz apelo ao outro, ouvinte intérprete de sua narrativa, ou ele se esgota no ato de ser sonhado? Se concordamos com Freud que o sonho é uma realização disfarçada de desejos inconscientes, não teria ele cumprido sua finalidade ao ser sonhado? Para que o apelo à interpretação? Seria uma demonstração de superabundância do aparato psíquico realizar desejos e oferecer-se à investigação decifradora?

Vimos anteriormente[19] que Freud, desde seu texto sobre as afasias, já considerava o aparelho de linguagem (e portanto o próprio aparelho psíquico) como um aparelho cuja construção se faz numa relação com o *outro*, sendo que esse *outro* era entendido como um outro aparelho de linguagem e não como a exterioridade do mundo. Se de fato o aparelho psíquico é um aparelho que se dirige a outros aparelhos, e que somente nessa relação ele pode ser considerado como um aparelho psíquico, então justifica-se a tese de que o sonho não se esgota em si mesmo, mas que se dirige ao outro, destinatário-intérprete, numa relação da qual resultará o seu sentido.

Aquilo a que o sonho faz apelo é a fala, a fala do próprio sonhador e a fala do outro; apenas neste sentido ele pode ser considerado um texto ou, mais especificamente, uma mensagem.

19 Garcia-Roza, L.A., *IMF*, vol.1, p.40.

Essa mensagem é dirigida ao *Outro.* Tal como a garrafa lançada ao mar, ela não tem como destinatário um sujeito singular determinado, não é dirigida a esta ou aquela pessoa, mas a um lugar: à ordem simbólica. A resposta a esse apelo poderá ser dada por um *outro,* isto é, por um indivíduo singular e concreto, pelo próximo, mas não é a ele, especificamente, que a mensagem é dirigida. O outro é aquele que recolhe a garrafa e se dispõe a decifrar a mensagem, e isto só é possível se ele está situado nesse grande Outro que é a Ordem simbólica.

4

Irma

A matéria-prima do que vai ser desenvolvido nos capítulos 6 e 7 é fornecida pelos sonhos descritos e analisados por Freud nos capítulos precedentes. Dentre essas análises, há uma que o próprio Freud apresenta como sendo *Die Analyse eines Traummusters,* a análise de um sonho paradigmático: o sonho da injeção de Irma.[1]

O sonho paradigmático.

Esse sonho deve ser levado em consideração não apenas pelo relato do conteúdo manifesto e pela análise que Freud faz dele, mas também pelo preâmbulo e pelas notas de rodapé que acompanham o texto publicado. O que Freud nos oferece é este conjunto, e não apenas a narrativa do sonho manifesto. As notas de rodapé são tão importantes quanto o relato do sonho propriamente dito, já que integram o conjunto das elaborações secundárias fornecidas por Freud. A seguir, forneço um resumo do preâmbulo e transcrevo o relato do sonho.

Preâmbulo: Irma era uma jovem e bela senhora, amiga íntima da família, que no ano de 1895 estava se submetendo ao tratamento psicanalítico com Freud. O tratamento havia terminado com um êxito parcial — a

1 *AE*, **4**, cap.2; *ESB*, **4**, cap.2; *GW*, **2/3**, cap.2.

ansiedade histérica que acometia a paciente havia desaparecido mas não os sintomas corporais. Em função das próprias dúvidas quanto ao término da análise, Freud propôs uma solução que não foi aceita pela paciente. O tratamento foi interrompido com este impasse. Passado algum tempo, Freud recebe a visita de um amigo, também médico, que havia estado com Irma numa situação social, e pergunta ao amigo como ele a achara, ao que ele responde: "Está melhor, mas não inteiramente boa". A resposta do colega mais jovem soou a Freud como uma reprovação pelo tratamento a que tinha submetido a paciente. Na noite desse encontro, Freud escreveu a história do caso de Irma, e nessa mesma noite teve o sonho, que anotou imediatamente após o despertar e cujo relato transcrevo aqui na íntegra.

> (*Sonho de 23/24 de julho de 1895*). Um grande salão — muitos convidados que recebemos. Entre eles estava Irma. Imediatamente, levei-a para um lado, como se fosse para responder à sua carta e repreendê-la por não haver ainda aceito a minha "solução". Digo-lhe o seguinte: "Se você ainda sente dores, é realmente apenas por culpa sua". Ela responde: "Se você soubesse as dores que sinto na garganta, no estômago e na barriga... estão me sufocando". Fico amedrontado e olho para ela. Ela parece pálida e inchada. Penso: afinal, deixei então escapar alguma coisa orgânica. Levo-a até a janela e examino-lhe a garganta. Ela se mostra um tanto resistente, como as mulheres que usam dentadura postiça. Penso comigo mesmo: no entanto ela não precisa disso. Então ela abre bem a boca e descubro, à direita, uma grande mancha branca, e em outro lugar avisto extensas crostas cinza-esbranquiçadas sobre notáveis estruturas crespas que evidentemente são modeladas nos cornetos do nariz. Chamo depressa o doutor M., que repete o exame e confirma... O doutor M. tem uma aparência muito diferente da costumeira; ele está muito pálido, claudica e tem o queixo escanhoado. Meu amigo Otto também está agora ao lado dela e o amigo Leopold a percute por cima do corpete e diz: "Ela tem uma área surda embaixo, à esquerda". Indica também uma região infiltrada da pele, no ombro esquerdo (o que noto, como ele, apesar do vestido)...

> M. diz: "Não há dúvida, é uma infecção, mas não tem importância; sobreviverá à disenteria e a toxina será eliminada..." Sabemos também diretamente de onde provém a infecção. Meu amigo Otto aplicou-lhe, não faz muito tempo, quando ela não estava se sentindo bem, uma injeção com um preparado de propil, propileno... ácido propiônico... trimetilamina (cuja fórmula vejo diante de mim, em negrito)... Não se fazem injeções desta natureza tão levianamente... Provavelmente a seringa não estava limpa.[2]

É importante atentarmos para a data desse sonho. Estamos em meados de 1895. Portanto, antes mesmo de Freud ter concluído a redação do *Projeto* e cinco anos antes da publicação de *A interpretação do sonho,* onde ele vai retomar suas anotações e tornar pública sua análise. Nessa época, Freud não apenas não estava seguro dos critérios segundo os quais poderia considerar uma análise como terminada, como vivia atravessado pela questão do diagnóstico: histeria ou doença orgânica? O temor de estar tratando como histeria uma doença orgânica, e com isto ver a psicanálise desacreditada pelos colegas, era uma constante.

O texto do relato do sonho é decomposto por Freud em dezenove partes que ele analisa, cada uma, separadamente. Seria fora de propósito substituir a análise, as associações e os comentários feitos por Freud, por outros meus, de modo que remeto o leitor ao texto,[3] limitando-me aqui a assinalar os pontos teoricamente mais relevantes para o nosso propósito.

O caráter simbólico do sonho fica evidente logo no começo quando Freud repreende Irma por não ter aceito a *solução* que ele lhe oferecera; o termo *Lösung*, em

2 *AE*, **4**, p.128; *ESB*, **4**, p.115; *GW*, **2/3**, p.111.
3 *AE*, **4**, p.129-41; *ESB*, **4**, p.116-30; *GW*, **2/3**, p.113-26.

alemão, possui o mesmo duplo sentido que em português, o de preparado químico e o de solução de um problema. Nesse momento inicial de sua elaboração teórica, Freud acreditava que uma vez que o sentido do conflito inconsciente fosse comunicado ao paciente e aceito por este, a cura se efetivaria. Com isto, Freud transferia para Irma a responsabilidade por um possível fracasso parcial do tratamento e pelas dores que a afligiam — foi ela quem não aceitou a "solução" (*Lösung*) — assim como também ficava ao abrigo das críticas de seus colegas.

Freud se pergunta se seria por esse caminho que se deveria procurar o fator deflagrador do sonho. A pergunta não está voltada para o desejo inconsciente produtor do sonho, mas para um pequeno acontecimento do dia anterior, para algo que ficou em suspenso e que, pela sua carga emocional, constituiu-se como fator deflagrador do sonho. Esse pequeno acontecimento foi o tom ambíguo do comentário do seu amigo Otto: *Está melhor, mas não inteiramente boa.* Comentário que deixava no ar uma dúvida quanto a um possível erro de diagnóstico por parte de Freud, assim como quanto ao acerto na escolha do tratamento. E isto, tendo partido de um colega mais jovem, simpático médico da família, mas nada brilhante.

A figura de Irma, por sua vez, surge a partir da análise de Freud como uma condensação de várias outras pessoas. Irma sente dores na garganta e no estômago, além de estar pálida e inchada. Quando solicitada a abrir a boca para que sua garganta seja examinada, protege-se como alguém que usa dentadura postiça, mas *de modo algum ela tem necessidade disto.* As associações de Freud o conduzem da dentadura postiça à figura de uma jovem governanta que ele havia examinado há algum tempo e que, ao abrir a boca para ser examinada, procurou ocultar a dentadura. A imagem de Irma junto à janela evocou a lembrança de uma amiga da paciente de Freud que o havia impressionado vivamente quando, numa visita à sua casa, a encontrou numa posição, junto à janela, semelhante à de Irma no sonho. As *dores no ventre* conduziram Freud a sua própria esposa.

Irma representa no sonho pelo menos três mulheres: ela própria, sua bela e simpática amiga e a esposa de Freud (que na época estava grávida). Sendo que o interesse de Freud está obviamente voltado para a amiga da paciente que de boa vontade *abriria a boca* para ele. Neste ponto, Freud faz a seguinte nota de rodapé:

> Suspeito que a interpretação deste fragmento não avançou o suficiente para desentranhar todo o seu sentido oculto. Se quisesse prosseguir com a comparação entre as três mulheres, isso me conduziria muito longe. Existe pelo menos um ponto em todo sonho no qual ele é insondável, um umbigo pelo qual ele se conecta com o desconhecido.[4]

A suspeita é aqui uma certeza, e é essa certeza que detém Freud. Prosseguir na comparação das três mulheres corresponderia a expor publicamente sentimentos que ele gostaria que permanecessem guardados, sobretudo sua preferência sexual pela amiga de Irma. Na nota de rodapé que acompanha o preâmbulo, Freud já assinala que em quase nenhum momento comunicou a interpretação completa de um sonho seu, até porque *não convinha confiar demasiadamente da discrição dos leitores.* Neste sonho, a predileção pela amiga de Irma é evidente, sendo que nem Irma, nem Martha (sua mulher), são tratadas com muita consideração no sonho. Além disso, as conotações sexuais presentes nos frag-

4 *AE*, **4**, p.132; *ESB*, **4**, p.119; *GW*, **2/3**, p.116.

mentos do sonho vão se tornando evidentes à medida que Freud avança na interpretação.

Independentemente dessa prudência quanto à comunicação das interpretações, há um ponto, assinalado na segunda parte da nota acima, que requer um comentário. Trata-se do *umbigo do sonho.* O umbigo é um índice evidente da alteridade, da incompletude, da não totalização de algo. Deus não poderia ter umbigo. Quando Freud aponta o umbigo do sonho, e o faz em dois momentos da *Traumdeutung*, ele está preocupado em apontar o inacabamento essencial com que está marcada toda interpretação. Não se trata apenas do limite oferecido pela resistência, pela defesa, mas de algo mais fundamental e que diz respeito não apenas ao umbigo do sonho mas aponta para o umbigo da própria linguagem.

Michel Foucault assinala que com Freud e Nietzsche a interpretação converteu-se numa tarefa infinita, necessariamente inacabada e fragmentada.[5] Esse inacabamento essencial decorre da recusa por parte desses autores de um começo absoluto, ponto final da tarefa interpretativa. Não há significado último (ou primeiro) ao qual chegaríamos regressivamente, ponto final da série significante. Quanto mais avançamos nessa tentativa de esgotar a interpretação, mais nos aproximamos desse umbigo ao qual Freud se refere, ponto de ruptura da própria interpretação. Tentar atingir esse ponto derradeiro, ponto absoluto onde a palavra (e portanto a interpretação) volta-se sobre si mesma, corresponderia, segundo Foucault, a algo parecido com a experiência da loucura. Loucura da linguagem ou o silêncio da palavra.

5 Foucault, M., *Nietzsche, Freud, Marx*, Paris, Minuit, 1965.

O fragmento *apesar do vestido* dá lugar a um novo comentário de Freud cuja referência não explicitada é evidentemente de natureza sexual. O fragmento evoca a Freud o tempo em que ele trabalhava num hospital público infantil onde as crianças eram examinadas sem roupa. A este procedimento ele contrapõe os que nessa época fazia com pacientes adultas, cujo exame era feito por cima das roupas. Segue-se o seguinte comentário de Freud: "O que se segue a isto me é obscuro; para ser franco, não me sinto inclinado a penetrar mais profundamente neste ponto". A interrupção das associações não foi devido ao fato de que ele nada mais tinha a dizer sobre o fragmento do sonho, mas devido ao fato de que a continuação das associações conduziria a um conteúdo comprometedor; no mínimo, o desejo de ter desnudado a bela paciente.

Da mesma forma que Irma, os demais personagens do sonho — os amigos Otto e Leopold, assim como o Dr. M. — são também figuras sobredeterminadas. Junto à tríade Irma/Amiga/Martha, encontra-se a tríade Otto/Leopold/ Dr.M.

Otto e Leopold são médicos, ambos competindo na mesma especialidade, parentes entre si e amigos mais jovens de Freud, que os compara ao inspetor Bräsig e seu amigo Karl, personagens literários. Bräsig é rápido e astuto, mas se engana com freqüência; Karl é lento, mas cuidadoso em suas observações e sólido nas conclusões. Freud não perde a oportunidade de uma desforra e compara Otto a Bräsig, aquele que se engana freqüentemente por ser apressado e descuidado em suas observações (e que portanto não teria entendido o que se passava com Irma), e identifica o amigo Leopold com Karl, o cuidadoso. Otto, o apressado e descuidado, é responsabilizado no sonho por aplicar injeções com substâncias poderosas de forma indevida, além do mais *a seringa não estava limpa.* O personagem Leopold aparece no sonho apenas para tornar mais evidente o contraste com o desastrado Otto. O Dr. M., por sua vez, completa a tríade dos personagens masculinos. A figura do Dr. M., Freud associa ao seu meio-irmão Philippe, filho do primeiro casamento do seu pai, tendo ele próprio idade suficiente para ser pai de Freud. Emmanuel, também filho desse primeiro casamento, e também muito mais velho que Freud, formava com o irmão Philippe uma dupla à qual o pequeno Sigmund Freud atribuía boa parte dos seus horrores infantis. E, claro está, que o Dr. M. representava também o pai de Freud, já que a figura dos irmãos mais velhos se alterna com a figura do próprio pai.

Temos assim duas tríades presentes no sonho: a formada pelo entrecruzamento das figuras femininas (Irma, sua amiga e a mulher de Freud) e a outra formada pelos personagens masculinos (Otto, Leopold e Dr. M.). Esta segunda tríade tem, no sonho, uma função inteiramente diferente da primeira. Enquanto a tríade feminina aponta para o fascínio imaginário que tem na figura de Irma sua expressão manifesta, a tríade masculina aponta para o lugar da lei, o que no sonho aparece sob fórmulas persecutórias do tipo "Aterroriza-me a idéia de ter descuidado de algo orgânico". A tríade serve ainda como endereçamento dos ataques agressivos que Freud dirige ao pai e que são deslocados para as figuras masculinas do sonho.

Um outro fragmento de extrema importância no sonho é o da fórmula da *trimetilamina* que Freud vê aparecer escrita em negrito. Ele associa a fórmula, de imediato, ao seu amigo Fliess e a uma conversa que tiveram a respeito da química sexual, na qual a trimetilamina era citada como um dos produtos do metabolismo sexual. A fórmula conduz, portanto, à natureza sexual do conteúdo do sonho. Mas seria este seu sentido mais forte? A natureza sexual do conteúdo do sonho já não era evidente na primeira parte do relato? Por que a fórmula? É ao sexual que esta fórmula faz apelo?

O sentido sexual do sonho é evidente na primeira parte do relato. A distorção imposta ao conteúdo é de uma candura comovente, obviamente não oculta nada. Freud sequer necessitaria do sonho para chegar às fantasias sexuais sugeridas por seu conteúdo, bastaria uma análise no registro mesmo da consciência para que suas preferências se tornassem manifestas. A primeira parte do sonho nada mais revela do que os desejos conscientes de Freud, sejam eles o desejo de vingança contra seu amigo Otto ou o desejo sexual por Irma e sua amiga. O recurso à fórmula da trimetilamina seria uma extrema sofisticação de ocultamento face ao quase ingênuo mecanismo utilizado na primeira parte. É de se supor, portanto, que a fórmula faz apelo a algo mais do que aquilo que já estava desvelado na parte do relato dedicado a Irma.

Neste ponto, beneficio-me da leitura feita por Lacan dessa segunda parte do sonho da injeção de Irma.[6] Segundo ele, a fórmula da trimetilamina que aparece escrita em negrito no sonho de Freud não teria como propósito remeter a um sentido sexual oculto no sonho manifesto, até porque, como já vimos, esse sentido não está tão oculto assim. A fórmula, enquanto expressão simbólica, não remeteria a nada além dela própria ou, se preferirmos, o único apelo que ela faz é à própria natureza do simbólico, apelo à palavra portanto. Este apelo não é tampouco um apelo do eu de Freud, do eu do sonhador. Não é mais do eu que se trata aqui, mas

6 Lacan, J., *O seminário*, Livro 2, Rio de Janeiro, Zahar, 1985, p.200-17.

de algo que o ultrapassa, que é descentrado em relação ao eu e que é o *sujeito do inconsciente.*

Com a fórmula da trimetilamina, o Freud que mantinha o jogo amoroso com Irma cede lugar ao inconsciente. O apelo não vem mais do eu, mas do sujeito, e o destinatário desse apelo-enigma somos nós, isto é, todos aqueles que compõem a comunidade do saber. Para além dos pequenos enigmas que constituem os sonhos, há um enigma maior que se revela a Freud nesse momento do sonho da injeção de Irma. Não foi sem razão a pergunta feita a Fliess sobre se algum dia colocariam na casa de Bellevue uma placa na qual estaria escrito que nela e naquela noite "foi revelado ao Dr. Sigmund Freud o segredo dos sonhos".

A pergunta foi feita sob o impacto sofrido por ele pela dimensão da sua descoberta. E esta não dizia respeito apenas aos sentimentos íntimos que mantinha para com uma determinada dama, nem tampouco aos sentimentos agressivos para com o amigo mais jovem; o que desabou sobre Freud, a partir do sonho de Irma, não foi apenas o fato de ser ele o criador desses pequenos enigmas que não ultrapassavam a dimensão do seu próprio eu, mas sim um enigma muito mais vasto cujo criador não era ele, mas seu inconsciente que, nele ou por ele, se voltava para muito além dele.

É isto que responde pelo fato de Freud ter escolhido para sonho modelo, para sonho paradigmático, um sonho cujo desejo motivador é um desejo pré-consciente. Que caráter paradigmático seria esse, se o que ele vai afirmar mais à frente é que o desejo motivador do sonho é sempre, em última instância, um desejo inconsciente? Não faria sentido escolher como modelo precisamente um sonho cuja análise revela desejos conscientes ou pré-conscientes.

Já fiz referência ao fato de que as imagens do sonho não têm o valor de imagens, isto é, não retiram seu significado das coisas que supostamente representam, mas da articulação que mantêm com outras imagens. Com as palavras porém não acontece o mesmo. A palavra faz apelo à palavra. É assim que a fórmula da trimetilamina não tem no sonho um estatuto de imagem, mas de símbolo; seu aparecimento enquanto palavra (ou fórmula, dá no mesmo) não remete a nada que não seja o próprio universo do discurso. Se as imagens nem sempre têm o valor de imagens, "os símbolos nunca têm senão o valor de símbolos".[7]

O sonho de Irma pode ser visto sob um duplo registro. Num primeiro registro, trata-se de um sonho que como tantos outros Freud empenha-se em decifrar, e que não apresentaria nenhuma razão especial para ser considerado paradigmático. Num segundo registro, trata-se de um sonho ao qual Freud agrega suas associações, seus comentários, as notas de rodapé que acompanham sua exposição na *Traumdeutung,* e sob este aspecto constitui-se como uma fala de Freud a nós dirigida. Nesse segundo registro ele também encerra um enigma, poderíamos mesmo dizer que ele encerra o enigma, e este não se reduz aos vários sentidos que podemos constituir a partir dos seus vários fragmentos, mas o enigma que emerge do próprio processo de descoberta que Freud vinha empreendendo já há alguns anos: o enigma do inconsciente.

Contrariamente àqueles que julgavam que a noção de inconsciente somente poderia conduzir ao lugar do mistério e do irracional, Freud começa a nos revelar, a partir do sonho da injeção de Irma, a racionalidade do

7 Lacan, J., op. cit., p.204.

inconsciente. O que aterrorizava Freud não era a irracionalidade do inconsciente, mas precisamente a sua racionalidade. Frente ao irracional e ao instintivo nada temos a fazer senão, na medida do possível, conter seus efeitos indesejáveis; frente a um inconsciente estruturado, desejante e dotado de uma racionalidade própria, aquilo com o que temos de nos defrontar é com a carga desse desejo.

Quando a fórmula da trimetilamina surge no sonho, ela não surge dita ou escrita por ninguém. Não é Otto, nem Leopold ou o Dr. M. que enunciam ou escrevem a fórmula. Ela não é referida a nenhum personagem do sonho, nenhuma imagem que pudesse servir de correlato identificatório para Freud. Se toda identificação é identificação a uma imagem, Freud poderia identificar-se a qualquer das figuras do sonho, masculinas ou femininas, mas não pode haver identificação a uma fórmula. Aqui não estamos mais no nível do eu e de suas identificações imaginárias, mas sim no ponto onde o simbólico faz sua entrada. A palavra (trimetilamina) surge sozinha, nenhum personagem do sonho é seu portador, ela surge com seu valor de palavra, nada mais que palavra. Este é o ponto de emergência do sujeito, de um sujeito que não se confunde com o eu, que não pertence ao eu, mas que é descentrado em relação ao eu. É este o sujeito que enuncia a fórmula da trimetilamina: o sujeito do inconsciente.

Nesse momento, Freud ainda não dispõe do suficiente distanciamento teórico para se proteger dos efeitos da sua descoberta. Tanto quanto deslumbrado, Freud está aterrorizado; ele tinha começado a *remover o mundo subterrâneo* (*Acheronta movebo*).

5

O Trabalho do Sonho

Numa carta a Fliess, datada de agosto de 1899, após já ter escrito o primeiro capítulo de *A interpretação do sonho*, Freud escreve o seguinte: "A coisa está planejada segundo o modelo de um passeio imaginário. No começo, a floresta escura dos autores (que não enxergam as árvores), irremediavelmente perdidos nas trilhas erradas. Depois, uma trilha oculta pela qual conduzo o leitor — meu sonho paradigmático, com suas particularidades, pormenores, indiscrições e piadas de mau gosto — e então, de repente, o planalto com seu panorama e a pergunta: em que direção você quer ir agora?"[1]

A direção não poderia ser outra se não a que o conduzisse a uma possível resposta sobre a natureza dos sonhos e sobre a estrutura do aparelho psíquico. *A interpretação do sonho* pretende responder a ambas as questões. Enquanto no capítulo 7 Freud nos revela a *estrutura* do aparelho psíquico, no capítulo 6 oferece-nos a *textura* do texto psíquico. É o capítulo sobre o trabalho do sonho (capítulo 6) que fornece o suporte teórico necessário para o que vai ser desenvolvido no famoso capítulo 7.

Freud conclui sua análise do sonho da injeção de Irma com a afirmação de que, após o trabalho de interpretação, todo sonho se revela como uma realização de

1 Freud, S., *Correspondência completa de Sigmund Freud para Wilhelm Fliess*, Rio de Janeiro, Imago, 1986, p.366.

desejo. Feita desta forma, a afirmação não chega a se constituir como grande novidade; o que vai lhe conferir um valor decisivo dentro da teoria psicanalítica é a afirmação complementar de que esse desejo é um desejo inconsciente. É certo que nem todos os desejos realizados no sonho são desejos inconscientes, e o sonho de Irma é bastante claro quanto a isto; veremos porém, quando discutirmos o capítulo 7, que um desejo consciente somente se torna excitador de um sonho se ele se ligar a um desejo inconsciente que o reforça.[2]

Isso nos remete a dois registros distintos do sonho: um registro consciente, que é o do sonho tal como dele temos conhecimento, aquilo que do sonho é imediatamente acessível ao sonhador; e um outro registro, completamente inacessível à consciência do sonhador, que corresponde ao desejo inconsciente.

Conteúdo manifesto e pensamentos latentes.

A tese de Freud é de que o primeiro registro (o consciente) é um substituto do segundo registro (o inconsciente), do qual o sonhador detém um saber que não lhe é acessível de forma imediata. A estes distintos registros Freud denomina, respectivamente, *conteúdo manifesto do sonho* e *pensamentos latentes do sonho.* A distinção é válida tanto para os elementos isolados do sonho como para o sonho considerado como um todo.

Aquilo a que o sonhador tem acesso é ao *conteúdo manifesto,* isto é, ao sonho sonhado e recordado por ele ao despertar. Este é o substituto distorcido de algo inteiramente distinto e inconsciente que são os *pensamentos latentes*. Os pensamentos latentes são a matéria-

2 *AE*, **5**, p.545; *ESB*, **5**, p.589; *GW*, **2/3**, p.558.

prima de que são feitos os sonhos manifestos, mas é apenas a partir destes últimos que podemos chegar ao conteúdo latente.

O processo pelo qual os pensamentos latentes são transformados em conteúdo manifesto é denominado por Freud *trabalho do sonho* (*Traumarbeit*), e o trabalho oposto, que consiste em se chegar aos pensamentos latentes partindo-se do conteúdo manifesto, *trabalho de interpretação* (*Deutungsarbeit*) ou simplesmente *interpretação* (*Deutung*).

O termo *trabalho* é para ser tomado aqui no seu sentido forte, isto é, como designando o processo pelo qual uma matéria-prima é transformada em seu produto. Trata-se evidentemente de um trabalho psíquico (ou anímico, se preferirmos) e não de um trabalho físico, mas nem por isso menos transformador da matéria-prima sobre a qual ele se exerce.

Os pensamentos latentes, dos quais o conteúdo manifesto é uma expressão deformada, são pensamentos que em nada se distinguem dos pensamentos que se processam em nível consciente. Seriam portanto perfeitamente inteligíveis caso se tornassem conscientes. Por que, então, esse trabalho de deformação a que são submetidos?

Vimos que todo sonho é uma realização de desejo. Alguns desses desejos são expressão de tarefas interrompidas ou inacabadas do dia anterior ao do sonho, *restos diurnos* que encontram no sonho sua solução e seu acabamento. No sonho de Irma, o desconforto causado em Freud pela observação do seu amigo Otto foi o responsável por grande parte do conteúdo manifesto da primeira parte do sonho. Não apenas o problema foi resolvido — a culpa foi de Irma que não aceitou a *solução* por ele oferecida — como Freud ainda se vinga do amigo culpando-o por ser apressado e descuidado; afinal, a seringa estava suja. Com relação, portanto, ao desejo de Freud de se isentar de qualquer culpa quanto a um possível erro de diagnóstico e de estar aplicando o tratamento correto, o sonho não apresenta distorção alguma, sendo a expressão quase que literal das dúvidas e dos desejos conscientes do sonhador.

Há contudo outros elementos do sonho para os quais não encontramos qualquer referência nos restos diurnos ou em quaisquer outros acontecimentos da vida cotidiana. São elementos sem nenhum sentido aparente e completamente desconectados dos demais. São precisamente essa ausência de sentido e esse caráter desconexo que se constituem como índices da distorção a que foram submetidos os pensamentos latentes, e são estes os elementos que interessam mais intensamente à tarefa de interpretação. Quanto mais trivial, disparatado e desinteressante é um elemento do sonho manifesto, e quanto mais o sonhador se recusa a fornecer associações a este elemento alegando sua desimportância, mais ele se mostra significante para o trabalho de decifração, posto que são precisamente eles que poderão conduzir ao desejo inconsciente e à solução do sonho.

Freud refere-se ao conteúdo manifesto e aos pensamentos latentes como sendo *diferentes modos de expressão,* compreendendo signos e leis de articulação distintas; uma diferença de linguagens, portanto, e não uma diferença como a que existe entre duas línguas. No caso de duas línguas, há uma gramática que se mantém constante, assim como há a possibilidade de um código comum viabilizando a tradução, ao passo que, nos sonhos, cada sonhador cria sua própria gramática.[3]

3 Cf. Derrida, J., op. cit., p.196.

Não procedemos nos sonhos de forma semelhante àquela cujo objetivo é traduzir um texto de uma língua para outra. Se a máxima *traduttore, traditori* vigora seja qual for o texto e seja quais forem as línguas, isto se dá não em virtude de uma intenção *traidora* do tradutor, mas apesar dos seus esforços para se manter fiel ao original. No caso dos sonhos, a distorção a que é submetido o texto é índice de uma eficácia do trabalho de sonho e não de sua debilidade. Trata-se aqui não de fidelidade a um suposto original, mas de artimanha enganadora, de fazer passar algo que é proibido, interditado pela censura. O bom trabalho do sonho não segue os mesmos caminhos que a boa tradução.

Embora Freud procure estabelecer através de generalizações um código mínimo comum, ele mesmo concorda que se trata de uma tarefa extremamente difícil, posto que o mesmo conteúdo onírico pode ter significados diferentes em diferentes pessoas ou na mesma pessoa em diferentes momentos. Isto praticamente eliminaria a possibilidade de se conceber o trabalho do sonho como uma *tradução* dos pensamentos latentes em conteúdos manifestos.

O importante é mantermos presente o fato de que estamos lidando com dois textos — dois textos psíquicos: o dos pensamentos latentes e o do conteúdo manifesto. A idéia sugerida pelo próprio Freud, de que um seria o *original* e o outro sua *tradução,* deve ser tomada com alguma reserva.[4] Primeiro, como já vimos, pela própria noção de tradução aqui implicada; segundo, pela suposição de um texto *original.*

Admitir um *original* é admitir que na série dos elementos significantes há um primeiro termo que é o

4 *AE*, **4**, p.285; *ESB*, **4**, p.295; *GW*, **2/3**, p.283.

significado derradeiro dos demais. Essa idéia é descartada pelo próprio Freud quando afirma que o trabalho de interpretação é marcado por um inacabamento essencial, e que um dos elementos responsáveis por esse inacabamento é exatamente a ausência desse significado último (ou primeiro) na série significante. Supor um *original* é supor que exista um texto que permaneça imutável, sempre idêntico a si mesmo, modelo imóvel para a série de cópias cada vez mais distorcidas conforme se distanciem desse ponto primeiro.

Quando em 1895 Freud define a memória como a *diferença* entre as facilitações, ele torna inviável a idéia de um texto original, entendendo-se por *original* um texto que permaneça como *documento,* como presença permanente e imutável. A memória é entendida por Freud sempre em termos de diferenças; o que temos "na origem" são puras diferenças e não identidades. Seria extremamente difícil, para ele, conciliar os sistemas de traços que constituem o inconsciente — traços que são *inscritos, transcritos* e *retranscritos* — com a idéia de uma permanência imutável sob a forma do *original.* O que já está presente aqui é a impossibilidade de se estabelecer uma diferença radical entre significante e significado. Nada pode ser considerado, em si mesmo, significado. A relação entre o "original" e sua "tradução" não permite que se cristalize o primeiro como significado.

Se ao trabalho do sonho corresponde o processo pelo qual os pensamentos latentes são transformados nos conteúdos manifestos, ao *trabalho de interpretação* corresponde o processo inverso: partindo-se do conteúdo manifesto, chegar aos pensamentos latentes, isto é, ao desejo inconsciente. E as mesmas observações feitas acima, sobre as relações entre os pensamentos do sonho e o conteúdo manifesto, são válidas aqui a respeito do trabalho de interpretação.

Não se trata de a partir de uma cópia degradada chegar-se ao modelo. O caráter distorcido, deformado e desconexo presente no conteúdo manifesto não decorre de uma degradação ou de um desgaste de um material original; na deformação do sonho manifesto reside precisamente a sua eficiência, ele não é deficiente em relação aos pensamentos latentes, sua eficiência se faz por caminhos diferentes.

O texto do conteúdo manifesto do sonho é construído de forma semelhante ao de uma carta enigmática, de um rébus, no qual as palavras são substituídas por imagens que se distribuem como num ideograma. Essa *figuração,* forma de expressão própria do sonho, é ao mesmo tempo uma "desfiguração" dos pensamentos latentes, pois as imagens que ocupam o lugar das palavras não o fazem de forma evidente e nem obedecem a um código fixo de substituição. As imagens do sonho não têm valor de imagens, isto é, não remetem às coisas das quais as imagens seriam uma representação. As imagens do sonho manifesto nos remetem não às coisas, mas às palavras, ou, mais precisamente, as imagens remetem às imagens, numa composição pictórica onde a articulação dos elementos ocupa o lugar de palavras.

A interpretação não incide sobre o conjunto dos elementos que compõem esse rébus tomado como uma totalidade, mas sobre os elementos isolados, fragmentos do conteúdo manifesto capazes de serem substituídos por uma palavra ou mesmo por uma sílaba no trabalho de interpretação. Cada elemento funciona como significante que o trabalho de interpretação procura articular com os demais, de modo a fornecer o sentido do sonho.

Esse modo de proceder é o que distingue o método de interpretação proposto por Freud daqueles outros que o precederam: *o método da interpretação simbólica* e o *método da decifração.* Enquanto o primeiro considera o sonho como uma totalidade, procurando substituí-la por outra que lhe seja análoga e que forneça sua inteligibilidade, o método da decifração considera o sonho em seus elementos tomados separadamente, cada um funcionando como um sinal criptográfico a ser substituído por outro, segundo uma chave fixa.

Na opinião de Freud, ambos os métodos de interpretação padecem de defeitos graves. O método simbólico é demasiadamente restrito, impreciso e difícil de ser generalizado; fica por demais dependente dos dons peculiares do intérprete, da sua capacidade intuitiva para atingir uma idéia arguta que expresse o sentido oculto do sonho. O método da decifração, por sua vez, tem como defeito principal ser dependente de uma "chave" de interpretação, algo análogo a um dicionário dos sonhos, a partir da qual cada elemento será substituído por outro que fornecerá o significado último do sonho. Apesar deste procedimento sequer suspeitar dos mecanismos fundamentais da elaboração onírica, é dele que o procedimento psicanalítico vai se aproximar mais, e isto pelo fato de empregar a interpretação *en détail* e não *en masse,* como observa Freud.[5]

Censura e resistência.

O trabalho de interpretação não se faz suavemente, mas contra a *resistência* (*Widerstand*) que lhe é oposta e cujas expressões mais comuns são a recusa do sonhador a fornecer associações e o seu julgamento crítico sobre o conteúdo do sonho. A verdade do desejo inconsciente não se oferece docilmente ao intérprete, e isto não é

5 *AE*, **4**, p.125; *ESB*, **4**, p.111; *GW*, **2/3**, p.108.

devido ao próprio desejo inconsciente, mas à resistência que o eu do sonhador oferece à pura e simples expressão desse material inconsciente. Quanto maior a resistência, maior o indício da proximidade entre o substituto manifesto e o desejo inconsciente.

Retomemos aqui o que foi dito no capítulo anterior sobre a natureza do sonho. Primeiramente, o fato de que o sonho apresenta-se a nós como um *texto,* um texto psíquico, um texto feito de elementos pictográficos, ideogramáticos, mas sobretudo um texto. Em segundo lugar, o fato desse texto, qualquer que seja o fragmento que constitua seu conteúdo manifesto, chegar a nós como uma *mensagem.* Em terceiro lugar, o fato de que se trata de uma mensagem *cifrada,* cujo caráter fragmentário e distorcido não é devido ao acaso ou a uma degradação por efeito do tempo, mas uma distorção imposta por exigência da *censura.* Essa censura, que diz respeito à relação do indivíduo com a linguagem, é da ordem da lei e, portanto, em última instância é externa ao sujeito. É enquanto interiorizada e agenciada pelo eu que ela vai se fazer presente sob a forma de *resistência* (*Widerstand*), comumente entendida como um obstáculo à interpretação.

Censura e resistência não pertencem, porém, ao mesmo registro. A censura (*Zensur*) é apontada por Freud como a responsável pela deformação a que são submetidos os pensamentos latentes pelo trabalho do sonho. Inicialmente, Freud concebe a censura como uma função que se exerce na fronteira entre os sistemas inconsciente e pré-consciente ou mesmo entre o pré-consciente e o consciente; portanto, algo que opera na passagem de um sistema para outro mais elevado. No decorrer da obra freudiana, a função de censura é atribuída ao eu, terminando por se confundir com a noção de Supereu.

A resistência (*Widerstand*) é algo bem diferente. Ela designa tudo aquilo que no trabalho analítico se opõe à interpretação, ou, para tomarmos a definição de Freud à letra, "tudo aquilo que perturba a continuação do trabalho analítico é uma resistência".[6]

Muita coisa pode perturbar a continuação do trabalho analítico, até mesmo fatos para os quais o sujeito não contribuiu em nada como, por exemplo, a morte do pai do paciente (sem que ele o tenha matado, evidentemente) ou a eclosão de uma guerra. Os exemplos são de Freud. E seria um exagero afirmar que um desses fatos seria expressivo de uma resistência do paciente à continuação do tratamento. No entanto, Freud salienta que mesmo nos casos em que o acontecimento perturbador é totalmente externo ao sujeito, a resistência se manifesta pelo imediato e desmedido aproveitamento que o sujeito faz do acontecimento.

Mas se a censura que opera no sonho tem por efeito o surgimento de lacunas, distorções e apagamentos no texto manifesto, tal como acontece com os jornais em regimes ditatoriais, então ela também perturbaria o andamento do trabalho analítico, o que nos levaria a pensá-la como uma forma de resistência.

Não é este o caso. Freud pensa, ao contrário, a resistência como uma forma de objetivação da censura.[7] A censura não se coloca como uma função psicológica, nem como um efeito do eu, mas diz respeito ao caráter interrompido do discurso.[8] Mais do que um obstáculo, como é a resistência, ela é um índice do caráter signifi-

6 *AE*, **5**, p.511; *ESB*, **5**, p.551; *GW*, **2/3**, p.521.

7 *AE*, **15**, p.129-30; *ESB*, **15**, p.171; *GW*, **11**, p.141.

8 Cf. Lacan, J., *O seminário*, Livro 2, Rio de Janeiro, Zahar, 1985, p.164.

cativo do sonho, e sob este aspecto se insere como parte do texto frente ao trabalho de interpretação.

Há sem dúvida uma resistência ao livre escoamento dos pensamentos latentes, mas essa resistência não deve ser considerada como uma propriedade psicológica do sujeito e sim como algo que se exerce em face do trabalho de interpretação.[9] O que está sendo protegido por exigência da censura são os pensamentos latentes e não o conteúdo manifesto do sonho. A rigor, o conteúdo manifesto não interessa, ou melhor, interessa apenas na medida em que pode funcionar como meio para se chegar a esses *Gedanken* latentes que contêm o sentido dessa mensagem interrompida.

Em seu seminário de 16 de fevereiro de 1955, que recebeu como título "A censura não é a resistência", Jacques Lacan assinala que a censura não está nem no nível do sujeito nem no do indivíduo, mas se situa no nível do discurso, e que enquanto tal relaciona-se à lei como incompreendida. A ninguém é facultada a alegação de que ignora a lei, e no entanto ninguém a conhece integralmente, e isto se aplica não apenas à lei escrita, mas também, e sobretudo, às leis que regem as trocas simbólicas no interior de uma sociedade. É a essa presença da lei enquanto não totalmente compreendida que vai se relacionar a censura, e é nesse mesmo sentido que deve ser compreendido o que Freud denominou supereu.

Para ilustrar sua tese de que a censura não é a resistência, Lacan nos conta uma pequena história que transcrevo aqui apenas parcialmente mas que é suficiente para os nossos propósitos.

9 Ibid.

Como sabemos, é de fundamental importância para a Coroa Real britânica que Sua Majestade, o rei da Inglaterra, não seja ofendida na sua pessoa. Portanto, é fundamental que não se diga que o rei da Inglaterra é um babaca; o que pode ser expresso pela seguinte lei: todo aquele que disser que o rei da Inglaterra é um babaca terá sua cabeça decepada. Ocorre, porém, que em função de circunstâncias as mais diversas, fica evidente a um de seus súditos que o rei da Inglaterra é um babaca. Tudo no comportamento do rei evidencia o fato de que ele é um babaca, e no entanto isto não pode ser dito pelo súdito. Este não compreende por que a verdade não pode ser dita, escapa-lhe, em seu conjunto, a lei do discurso. E, se a pena é ter a cabeça decepada, o súdito não diz que o rei é um babaca nem qualquer outra coisa que pudesse revelar essa verdade. Ocorre, porém, que o súdito tem inúmeras razões para dizer que o rei é um babaca. O que faz então? Sonha que tem sua cabeça decepada. Nesta circunstância, fica evidente que o fato dele sonhar que teve sua cabeça decepada quer dizer que o rei da Inglaterra é um babaca. A censura é isso, diz Lacan, é a lei como incompreendida.[10]

A censura é, portanto, a responsável principal pela deformação onírica. Essa deformação pode se fazer pelas lacunas impostas ao conteúdo manifesto, pelo reagrupamento do material, pelo deslocamento da ênfase de um elemento para outro, e pode até mesmo se dar em função do sonho ser feito predominantemente de imagens, o que acarreta uma perda de expressão dos elementos mais abstratos, assim como dos elementos de relação do pensamento latente.

10 Lacan, J., op. cit., p.165-7.

Claro está, que se os pensamentos latentes são censurados, isto se deve a dois fatores. O primeiro deles é o fato desses pensamentos serem desejos proibidos; o segundo é o de serem construídos da mesma forma que os pensamentos conscientes e, portanto, imediatamente identificáveis em seu conteúdo. Se assim não fosse, não haveria razão para serem distorcidos. Se os pensamentos latentes (inconscientes) fossem ininteligíveis para a consciência, não haveria problema quanto a virem à luz na sua forma original. É para não serem identificados que eles são deformados.

Quanto à natureza desses pensamentos, razão pela qual permanecem ocultos para a consciência, vimos tratarem-se de desejos que expressam o que de pior existe no homem: da mais desvairada perversão sexual às tendências mais agressivas e destrutivas que somos capazes de imaginar. O que leva Freud a afirmar que a psicanálise nada mais faz do que confirmar a máxima de Platão, segundo a qual os bons são os que se contentam em sonhar com aquilo que os maus executam realmente.

Condensação (Verdichtung) *e deslocamento* (Verschiebung).

A *condensação* designa o mecanismo pelo qual o conteúdo manifesto do sonho aparece como uma versão abreviada dos pensamentos latentes. O conteúdo manifesto é sempre menor do que o conteúdo latente, sendo que o inverso não se verifica nunca, jamais o conteúdo manifesto pode ser maior do que o latente. É impossível determinar-se a cota de condensação, daí nunca se poder estar seguro quanto a ter-se interpretado um sonho exaustivamente.

A condensação opera de três maneiras: primeiro, omitindo determinados elementos dos pensamentos latentes; segundo, permitindo que apenas um fragmento do conteúdo latente apareça no sonho manifesto; terceiro, combinando vários elementos do conteúdo latente que possuem algo em comum num único elemento do conteúdo manifesto.

Um exemplo de condensação no sonho pode ser dado pelo fato de uma pessoa do sonho manifesto estar representando várias pessoas do conteúdo latente. Assim, essa pessoa do sonho manifesto pode ser parecida com uma pessoa A do conteúdo latente, mas ter gestos e atitudes parecidos com os da pessoa B, estar vestida como a pessoa C e ter a profissão da pessoa D. No sonho da injeção de Irma, a própria Irma é um exemplo da condensação de pelo menos três pessoas. A imagem de Irma é uma superposição de imagens, o que lhe confere as características contraditórias que apresenta. A esses pontos de entrecruzamento de vários pensamentos latentes Freud denomina *pontos nodais* (*Knotenpunkte*).

O mecanismo da condensação não ocorre apenas nos sonhos, ele também está presente no chiste, nos lapsos, nos esquecimentos das palavras etc. No chiste, diferentemente do que ocorre nos discursos intencionais, há uma produção de significação cujo efeito chistoso resulta do inantecipável e do imprevisível dessa significação. Um dos exemplos mais notáveis que Freud nos apresenta desta técnica é o de Hirsch-Hyacinth, personagem de Heine em *Os banhos de Lucca.*[11] Hirsch-Hyacinth é um agente de loteria e pedicuro hamburguês que conta maravilhado ao poeta que o rico barão de Rothschild o tratou de igual para igual — bastante

11 *AE*, **8**, p.18-22; *ESB*, **8**, p.29-33; *GW*, **6**, p.14-9.

familionariamente (*famillionär*). A palavra esperada, previsível, é "familiar", mas no lugar dela surge "familionário", palavra inexistente e que tampouco foi cunhada deliberada e conscientemente por Hyacinth. "Familionário" é uma evidente condensação de "familiar" e "milionário", condensação que possibilita contudo o deslizamento do sentido e seu surgimento no lugar onde era esperada a palavra "familiar". Freud fornece um quadro diagramático desta estrutura composta:

f a m i l i   ä r
m i l i o n ä r

---

f a **m i l i** o n **ä r**

O pensamento do qual resultou o chiste pode ser expresso da seguinte forma:

> "O barão Rothschild tratou-me bastante familiarmente, isto é, tanto quanto é possível para um milionário".

A condensação, atuando sobre as duas sentenças, produziu o desaparecimento da segunda, menos resistente, mas mantendo seu elemento mais importante, a palavra *milionário*, que é integrada à primeira sentença e fundida com o elemento que lhe é mais semelhante: *familiar*. Segundo Freud, o processo pelo qual se forma o chiste é o de uma condensação acompanhada pela formação de um substituto, sendo que no caso presente o substituto consiste na palavra composta *familionär*.

O segundo mecanismo do trabalho do sonho, tão importante quanto o anterior, é o *deslocamento*. Tal como a condensação, o deslocamento é efeito da censura onírica, e opera basicamente de duas maneiras: a primeira, pela substituição de um elemento latente por um outro mais remoto que funcione em relação ao primeiro como uma simples alusão; e a segunda maneira, mudando o acento de um elemento importante para outros sem importância. Assim, aquilo que é essencial nos pensamentos latentes não desempenha nenhum papel importante ou mesmo sequer aparece no conteúdo manifesto.

Freud conta a seguinte anedota para exemplificar o sentimento de estranheza causado pelo mecanismo do deslocamento:

Numa aldeia havia um ferreiro que cometera um crime capital. O júri decidiu que o crime devia ser punido; porém, como o ferreiro era o único da aldeia e era indispensável, e como, por outro lado, a aldeia contava com três alfaiates, um *destes* foi enforcado em seu lugar.[12]

À diferença da condensação cujo efeito de distorção não chega a impedir o rastreamento do sentido oculto, o deslocamento pode tornar impossível encontrar o caminho que conduz da alusão (sonho manifesto) ao pensamento latente. Mais ainda do que a condensação, o deslocamento é efeito da censura, e a dificuldade de se rastrear o sentido oculto resulta do fato de que no deslocamento os laços que formam a trama das representações são externos e estranhos aos elementos latentes, daí o caráter de estranheza de que se reveste o conteúdo manifesto.

Tanto quanto a condensação, o deslocamento está presente na técnica do chiste. Nela, o mecanismo consiste na utilização de um termo num sentido afastado (deslocado) daquele empregado ou esperado pelo interlocutor, ou então no desvio do curso do pensamento através do deslocamento de acento do tema primitivo. Embora os mesmos mecanismos estejam presentes tanto no chiste como no sonho, este último possui ca-

12 *AE*, **15**, p.159; *ESB*, **15**, p.208; *GW*, **11**, p.178.

racterísticas próprias que o distinguem do chiste, sendo uma delas a exigência de colocar em imagens idéias que nem sempre se prestam à figuração.

Em seu artigo de 1957, "L'Instance de la lettre dans l'inconscient ou la raison depuis Freud", Jacques Lacan chama a atenção do leitor dos textos freudianos para a abundância de referências filológicas e lógicas feitas por Freud e o quanto essas referências aumentam à medida que o inconsciente vai sendo tematizado mais diretamente.

A tese central de *A interpretação do sonho* é que o próprio sonho é uma linguagem. Concordar com Freud que o sonho é um enigma em imagens corresponde a aceitar a tese de que o sonho é uma escritura psíquica cujas imagens não devem ser consideradas em seu valor de imagem, mas em seu valor significante. A imagem não é portadora ela mesma de seu significado. Significante e significado são duas ordens distintas, constituindo duas redes de articulações paralelas. Há um deslizamento incessante do significado sob o significante e é a rede do significante, pelas suas relações de oposição, que vai constituir a significação do sonho.

O efeito de distorção (*Entstellung*) produzido pelo trabalho do sonho é resultado desse deslizamento do significado sob o significante, distorção operada pelos mecanismos de condensação e de deslocamento. O que Lacan faz é assimilar esses mecanismos à *metáfora* e à *metonímia*. Na condensação temos uma sobreimposição dos significantes dando origem à metáfora; no deslocamento, pela substituição dos significantes com base na contigüidade, temos o equivalente da metonímia. Dessa forma, a condensação e o deslocamento desempenhariam, no sonho, uma função homóloga à da metáfora e da metonímia no discurso.

O que se insinua desde o texto de 1891 sobre as afasias, e que fica evidente a partir de *A interpretação do sonho*, é que os mecanismos apontados por Freud como responsáveis pelo trabalho do sonho não se restringem aos sonhos e aos chistes, mas vão ser apontados como mecanismos fundamentais do inconsciente em geral.

Em "L'Instance de la lettre", Lacan faz da metáfora e da metonímia os mecanismos a partir dos quais será possível constituir a tópica desse inconsciente. Devemos entender por isso não apenas que a metáfora e a metonímia regem o funcionamento do inconsciente mas que são formadoras do inconsciente no recalcamento original. Metáfora e metonímia são as responsáveis por uma das mais importantes características da linguagem, que é o seu duplo sentido, o fato de ela dizer outra coisa diferente daquilo que diz à letra.

Do ponto de vista da lingüística, esse efeito de alteração do sentido é obtido, na metáfora, pela substituição de significantes que apresentam entre si uma relação de similaridade, e, na metonímia, pela substituição de significantes que mantêm relações de contigüidade. Do ponto de vista psicanalítico, a distinção entre os dois mecanismos não é tão clara. Apesar de assimilar a metáfora à condensação e a metonímia ao deslocamento, Lacan não os distingue claramente senão em casos muito precisos. Segundo suas própria palavras, as afirmações segundo as quais "o desejo é uma metonímia" e "o sintoma é uma metáfora", seriam apenas designativas de uma orientação geral dos laços associativos em um ou outro sentido.

O aspecto importante a ser destacado na assimilação dos dois mecanismos descritos pela lingüística aos mecanismos fundamentais de funcionamento do inconsciente é o fato de que é através deles que se produz a ruptura entre o significante e o significado, fazendo com que, pela interposição de um novo significante, o significante original caia na categoria de significado, permanecendo como significante latente. Quanto mais extensa for a cadeia significante que surja nesse intervalo, maior será a distorção produzida.

Fazer a equivalência da condensação e do deslocamento com a metáfora e a metonímia significa afirmar que os processos inconscientes não formam um conjunto anárquico, alheio a qualquer ordem, lugar do misterioso e do impensável, mas que são processos sistematizáveis de acordo com determinadas leis.

As imagens do sonho, apesar do seu aspecto confuso e freqüentemente sem sentido, remetem umas às outras segundo a ordem simbólica e não segundo princípios psicológicos. Essas leis são as leis da linguagem, razão pela qual condensação e deslocamento podem ser equiparados a metáfora e metonímia, figuras da lingüística.

A argumentação de que tal equiparação não poderia ser feita — posto que metáfora e metonímia são mecanismos conscientes e portanto característicos dos processos secundários, enquanto que condensação e deslocamento são mecanismos específicos do processo primário inconsciente — não pode ser mantida. Se fosse aceita, teríamos não apenas que recusar ao sonho ser uma escrita, como teríamos mesmo que recusar a existência da condensação e do deslocamento como mecanismos do trabalho do sonho.[13]

Aceitar a assimilação da condensação e do deslocamento à metáfora e à metonímia corresponde a aceitar a tese de que o inconsciente é estruturado como uma linguagem, o que, por sua vez, corresponde a aceitar a

13 Cf. Safouan, M., *O inconsciente e seu escriba*, Campinas, Papirus, 1987, p.179 n13.

aplicação do princípio da arbitrariedade do signo aos conteúdos do sonho.

A arbitrariedade do signo lingüístico refere-se ao fato de que o laço que une o significante ao significado é arbitrário, isto é, não natural. E é graças a isto que podemos afirmar que na língua não há senão diferenças, afirmação que está em perfeita consonância com a concepção de Ferdinand de Saussure.

Em seu *Cours de linguistique générale,* Saussure se coloca como um dos mais firmes críticos daqueles que entendem a linguagem como *nomenclatura.* A linguagem não é constituída fundamentalmente por nomes dados às coisas. Que objetos diferentes sejam designados *cavalo, mesa* ou *árvore* não passa de um acidente — prova está, que podem ser chamados de *horse, table* ou *tree,* ou ainda de *Pferd, Tisch* ou *Baum.* O signo lingüístico não é constituído pela união de uma coisa e um nome mas pela união de um conceito e uma imagem acústica. Na opinião de Safouan, "se um objeto pudesse, ou o que quer que fosse, ser o termo sobre o qual está fixado o signo, a lingüística cessaria instantaneamente de ser o que é, desde o ápice até a base".[14] Poderíamos acrescentar que não apenas a lingüística deixaria de existir, mas que a própria linguagem seria atingida no seu ponto essencial: o da arbitrariedade do signo.

Se fosse possível estabelecer uma relação fixa entre o objeto e o signo, a linguagem seria transformada num mero sistema de sinais análogo aos que se estabelecem no mundo animal. O que o signo lingüístico une é um significado e um significante, e é precisamente esta união que é apontada como arbitrária, como não natural. Esse princípio da arbitrariedade do signo faz da

14 Safouan, M., op. cit., p.64.

linguagem um sistema de relações no interior do qual há apenas diferenças. Nem o significante, nem o significado são determinados de antemão, o que leva Robert Godel a afirmar que não há inicial na língua.[15]

A figuração (Darstellbarkeit) *no sonho.*

O sonho é uma escrita, uma escrita psíquica que não é feita de palavras mas de imagens, o que implica a possibilidade dos pensamentos latentes serem expressos sob a forma de uma encenação.

Se por um lado isto confere ao sonho uma riqueza maior, sobretudo pelos recursos que a encenação imaginária põe a serviço dos pensamentos latentes, por outro lado representa uma limitação: a dificuldade ou quase impossibilidade de expressar os conteúdos mais abstratos do pensamento latente ou ainda o que dele diz respeito a termos conjuntivos. Freud pergunta quais tipos de figuração podem receber no sonho os "se", "porque", "como", "embora", "ou... ou" e todas as outras conjunções sem as quais não podemos compreender sentenças ou discursos.[16] E ele mesmo nos convida a imaginar as dificuldades com as quais se defronta o trabalho do sonho na tarefa de transpor pensamentos em imagens, comparando-a às dificuldades que teria alguém que se dispusesse a substituir um artigo de fundo de um jornal por uma série de ilustrações. Sem dúvida alguma, a substituição seria vantajosa quando dissesse respeito a objetos e pessoas, mas apresentaria grandes dificuldades quando se tra-

15 Godel, R., *Les sources manuscrites du Cours de linguistique générale de F. de Saussure*, Genève, Droz, 1969, p.91 (citado por M. Safouan, op. cit., p.72).
16 *AE*, **4**, p.318; *ESB*, **4**, p.332; *GW*, **2/3**, p.317.

tasse de substituir palavras abstratas ou quando se tratasse das já referidas conjunções.

Na maior parte das vezes, os componentes abstratos e os de ligação são pura e simplesmente omitidos no sonho manifesto, e em algumas das vezes são expressos através de recursos da encenação compreensíveis apenas a partir do trabalho de interpretação. Isto não significa que os sonhos desprezem os nexos existentes entre os elementos do conteúdo latente mas sim que eles são unificados numa síntese cênica.

A objeção principal que se levantava sobre este ponto era a de se os sonhos eram capazes de representar efetivamente relações lógicas. E a objeção tinha que encontrar em Freud uma resposta adequada, já que colocava em questão a possibilidade do sonho expressar a riqueza e a complexidade dos pensamentos latentes. Caso a resposta fosse negativa, o sonho, entendido como uma escrita pictográfica, seria reduzido a um simulacro, resíduo degradado dos pensamentos latentes.

Seria difícil escapar aqui da imagem do *modelo* (pensamento latente) e da *cópia degradada* (conteúdo manifesto) e de ver o sonho como um simples resíduo do pensamento. É claro que não podemos atribuir aos sonhos a mesma potência lógica que encontramos no pensamento consciente, seria o mesmo que pretendermos que uma série de ilustrações pudesse expressar com rigor a lógica de um texto cujo conteúdo fosse dominantemente abstrato. Mas isso não chega a invalidar os recursos da encenação.

As mesmas restrições que os críticos de Freud fizeram às possibilidades da encenação no sonho, Freud fez às possibilidades da encenação no cinema. Respondendo a uma carta de Karl Abraham sobre uma proposta feita por Hans Neumann, diretor da produtora cinematográfica UFA, para a realização de um filme de divulgação da psicanálise (para o que Neumann contava com sua aprovação), Freud responde: "Minha principal objeção é que não me parece possível fazer uma apresentação plástica minimamente séria de nossas abstrações".[17]

Na verdade, uma proposta idêntica já havia sido feita por Samuel Goldwin no ano anterior. Goldwin fora à Europa com o intuito de convencer Freud a colaborar na produção de um filme sobre os amores célebres. O produtor sequer foi recebido, apesar da oferta de 100.000 dólares que fazia.[18]

É intrigante o desinteresse que Freud teve pelo cinema levando-se em conta que em ambos, o cinema e o sonho, o recurso à encenação é uma questão fundamental. E mais ainda, no mesmo ano em que Louis Lumière apresentava ao público seus primeiros filmes, Freud escrevia sua minuciosa análise do sonho da injeção de Irma, e, embora estivesse inteiramente voltado para a lógica das imagens no sonho, não manifestou qualquer interesse pela invenção que rapidamente invadiu as salas de espetáculos da Europa.

Se o cinema rapidamente se interessou pela psicanálise e por Freud, este não demonstrou o menor interesse pelo cinema. E no entanto, ambos, pelo menos em parte, estavam interessados na mesma coisa: como transformar pensamentos em imagens. Se essa preocupação ainda não estava presente em Lumière, que apenas fazia tomadas externas de acontecimentos na forma em que se apresentavam, ela passa a ser central em Georges Méliès, o primeiro a explorar de forma deliberada os recursos da encenação no cinema, transforman-

17 Citado por Patrick Lacoste, *Psicanálise na tela*, Rio de Janeiro, Zahar, 1992, p.25.

18 Cf. Patrick Lacoste, op. cit., p.37.

do o filme numa história contada.[19] Convém lembrar, porém, que durante muito tempo o cinema produziu apenas filmes mudos e que, portanto, o recurso à encenação contava apenas com imagens, não podendo recorrer à fala dos personagens.

Essa limitação não impediu que o cinema produzisse filmes (mudos) sobre os quais dificilmente poderíamos dizer que não foram capazes de expressar idéias e pensamentos os mais complexos. Como exemplos bastaria citar *Nascimento de uma nação* (*Birth of a Nation*) de Griffith e *Casa de penhor* (*The Pawnshop*) de Chaplin, ambos de 1916 ou *Metrópolis* (1926) de Fritz Lang e *A rua sem alegria* (*Die Freudlosegasse,* 1925) de Pabst.

É importante lembrarmos a afirmação de Freud segundo a qual o trabalho do sonho não pensa, não é uma atividade criadora, mas apenas transformadora do conteúdo latente que são os pensamentos do sonho.[20] E Freud vai mais longe ainda ao afirmar que mesmo os juízos que nos ocorrem sobre o sonho após o despertar devem, em boa parte, ser atribuídos ao conteúdo onírico latente. Ocorre, porém, que todos nós temos sonhos nos quais aparecem claramente juízos e argumentações que nos parecem perfeitamente lógicos e que aparentemente se apresentam pela primeira vez nesses sonhos, não podendo ser referidos a pensamentos anteriores. Freud é, no entanto, bastante enfático a este respeito. Para ele, todo e qualquer juízo ou raciocínio que apareça num sonho é apenas a repetição de um modelo procedente dos pensamentos oníricos latentes.[21]

19 Cf. Sadoul, G., *História do cinema mundial*, S. Paulo, Martins, 1963, cap.3.
20 *AE*, **5**, p.444; *ESB*, **5**, p.476; *GW*, **2/3**, p.447.
21 *AE*, **5**, p.457; *ESB*, **5**, p.491; *GW*, **2/3**, p.462.

A questão que se coloca não é, portanto, se o trabalho do sonho é capaz de realizar adequadamente operações intelectuais, mas sim se é capaz de adequadamente *expressar* os pensamentos oníricos, estes sim, responsáveis por atos de juízo.

O que está em jogo na *consideração à figurabilidade* é a seleção dos pensamentos capazes de serem expressos em imagens, o que tem como conseqüência um sacrifício das relações lógicas que são pura e simplesmente eliminadas ou que são substituídas por relações entre imagens que procuram traduzir, à sua maneira, essas relações lógicas. Assim, por exemplo, para expressar figuradamente o nexo causal, o trabalho do sonho pode fazer com que uma figura do sonho se transforme em outra.

O trabalho do sonho transforma pensamentos em imagens ou, se preferirmos, transforma palavras em imagens sensoriais. Ocorre, porém, que nossos pensamentos originam-se de imagens sensoriais cuja matéria-prima são as impressões — essas, somente num momento posterior ligam-se a palavras que, por sua vez, vão se articular em pensamentos.

O trabalho do sonho procede, pois, regressivamente transformando os pensamentos em imagens sensoriais, o que significa abandonar as conquistas empreendidas no caminho progressivo que vai das impressões sensoriais aos pensamentos. Dentre estas conquistas estão as relações lógicas.

Na verdade, essa regressão se faz num triplo registro: primeiramente, num registro *temporal*, implicando um retorno a estágios anteriores; segundo, num registro *tópico*, implicando uma mudança de sistema psíquico (do pré-consciente/consciente para o inconsciente); finalmente, num registro *formal*, passando para um modo de expressão de um nível inferior do ponto de vista da complexidade.

A idéia de um funcionamento regressivo do aparelho psíquico não está, contudo, livre de críticas. Jacques Lacan aponta, em seu seminário de 1955, os embaraços e contradições pelos quais enveredou Freud em função da explicação do sonho pela regressão.[22] Essa crítica será discutida mais à frente, quando examinarmos o capítulo 7 de *A interpretação do sonho.*

Se o trabalho do sonho transforma pensamentos em imagens, o trabalho de interpretação devolve à imagem a forma de discurso simbólico. A diferença está em que na primeira operação o trabalho é realizado sem a intervenção do analista, pelo menos sem sua intervenção direta, enquanto que a segunda operação é empreendida pelo analista. Ao dizer que no trabalho do sonho não há intervenção *direta* do analista, pretendo deixar lugar para a possibilidade de pensarmos que essa presença também se faz no trabalho do sonho, já que o analista, por fazer parte da vida do analisando, já está presente nos seus sonhos.[23]

Elaboração secundária (sekundäre Bearbeitung).

A elaboração secundária, ou ainda "tomada em consideração da inteligibilidade" (*Rücksicht auf Verständlichkeit*), consiste na modificação imposta ao sonho, pelo sonhador, a fim de que apareça sob a forma de uma história coerente e compreensível. A finalidade da elaboração secundária é fazer com que o sonho perca sua

22 Lacan, J., *O seminário*, Livro 2, Rio de Janeiro, Zahar, 1985, p.171 e seg.
23 Cf. Lacan, J., *O seminário*, Livro 2, Rio de Janeiro, Zahar, 1985, p.194.

aparência de absurdidade, aproximando-o do pensamento diurno.

Em seu artigo "Psicanálise",[24] escrito em 1923 para o *Handwörterbuch* editado por M. Marcuse, Freud afirma que a elaboração secundária não faz parte do trabalho do sonho, posto que ela toma como matéria-prima não os pensamentos latentes, mas o material já elaborado pelos mecanismos do trabalho do sonho. No entanto, em *A interpretação do sonho,* ele confere à elaboração secundária um papel ativo na própria formação do sonho.[25] É interessante notar que o item do capítulo 6 que tem por título "A elaboração secundária", começa com a frase: "Passamos agora, finalmente, a abordar o quarto dos fatores que participam na *formação dos sonhos*".[26] Esse quarto fator é a elaboração secundária, concebida por ele não como um processo externo ao trabalho do sonho, mas como um dos fatores que, juntamente com a condensação, o deslocamento e a condição à figurabilidade, fazem parte da elaboração onírica.

O sonho não é produzido apenas com o material originário dos pensamentos oníricos; para a sua formação pode concorrer também uma função psíquica cujas características não se distinguem do nosso pensamento da vigília. Trata-se da instância censuradora que, além dos cortes e restrições que impõe ao conteúdo onírico, é apontada por Freud como responsável também por acréscimos, sobretudo no sentido de produzir enlaces nos fragmentos dispersos do sonho. Esses acréscimos, cuja função principal é articular partes dispersas do sonho, foram chamados por Freud de "pensamentos-argamassa" (*Kittgedanken*). Eles têm a propriedade de

24 *AE*, **18**, p.237; *ESB*, **18**, p.293; *GW*, **13**, p.217.
25 *AE*, **5**, p.487; *ESB*, **5**, p.525; *GW*, **2/3**, p.495.
26 *AE*, **5**, p.485; *ESB*, **5**, p.522; *GW*, **2/3**, p.492 (O grifo é meu).

se acomodar em lugares onde servem com facilidade ao estabelecimento de nexos entre os fragmentos do sonho e, em decorrência desse papel essencialmente aglutinador, possuem pouca capacidade de permanência na memória.[27] Recordamos com muito mais facilidade os conteúdos substantivos do sonho do que esses elementos de ligação.

Os *pensamentos-argamassa* são também um fragmento do trabalho do sonho, não sendo portanto os responsáveis por toda a ligação dos elementos oníricos e, ao exercerem sua função, o fazem com "tiras e remendos", "à maneira dos filósofos", acrescenta Freud.[28] Como resultado dessa operação de ligação, o sonho perde seu aspecto absurdo e incoerente assemelhando-se ao pensamento da vigília. O sentido que o sonho adquire por efeito dessa elaboração secundária é, no entanto, enganoso; na verdade, está bastante afastado do verdadeiro significado do sonho.

A elaboração secundária é uma espécie de interpretação anterior à interpretação que empreendemos após o despertar e que, enquanto parte do trabalho do sonho, tem um efeito de distorção dos pensamentos latentes tanto quanto o operado pelos demais mecanismos do trabalho do sonho. O fato, porém, da elaboração secundária emprestar um sentido ao sonho, aproximando-o de uma experiência inteligível, não significa que obtenha sucesso sempre. Algumas vezes ela se faz de forma bastante parcial e outras vezes fracassa por completo, permanecendo o conteúdo onírico como um amontoado de imagens sem sentido aparente.

Embora Freud tenha declarado anteriormente que o trabalho do sonho não é criador (no sentido de que

27 *AE*, **5**, p.486; *ESB*, **5**, p.523; *GW*, **2/3**, p.494.
28 Ibid.

não acrescenta nada de novo aos pensamentos oníricos), mas apenas transformador do conteúdo latente, ele não nega à elaboração secundária "a capacidade de contribuir para o sonho com criações novas".[29] Não há, aqui, contradição. Aquilo a que ele se refere como "criações novas" é o fato da elaboração secundária utilizar um material já pronto, também contido nos pensamentos latentes, para conferir ao sonho uma fachada de inteligibilidade. A esse elemento dos pensamentos oníricos latentes Freud chama *fantasia* (*Phantasie*), para em seguida referir-se a ele como *sonho diurno* (*Tagtraum*).

As fantasias ou sonhos diurnos (ou devaneios) ocorrem no estado de vigília e possuem características semelhantes às do sonho noturno. Assim como estes últimos, os sonhos diurnos são também realizações de desejos, baseiam-se em boa parte em impressões de vivências infantis, e beneficiam-se de um certo relaxamento das instâncias censuradoras.[30] Mas assim como há fantasias diurnas conscientes, há também, e em abundância, fantasias inconscientes e estas é que são freqüentemente utilizadas pela elaboração secundária na formação do sonho.

Um sonho pode se apresentar como a repetição de uma fantasia diurna, estando esta sujeita às mesmas transformações a que são submetidos os demais componentes do conteúdo latente. A principal diferença com relação a estes últimos é que, embora também seja submetida à condensação e ao deslocamento, a fantasia diurna permanece, na maior parte das vezes, reconhecível como um todo no sonho.[31]

29 *AE*, **5**, p.487; *ESB*, **5**, p.525; *GW*, **2/3**, p.495.
30 *AE*, **5**, p.488; *ESB*, **5**, p.526; *GW*, **2/3**, p.496.
31 *AE*, **5**, p.489; *ESB*, **5**, p.527; *GW*, **2/3**, p.497.

O fato é que a elaboração secundária não está presente apenas no momento do relato do sonho conferindo-lhe uma forma inteligível. Muito daquilo que atribuímos ao sonho pertence realmente à elaboração secundária, e isto independentemente da elaboração do relato do sonho. Assim, um determinado estímulo despertador (que pode ser, por exemplo, o próprio soar do relógio-despertador) pode integrar-se à recordação do sonho como fazendo parte do sonho enquanto sonhado pelo sonhador e não enquanto recordado por ele. Da mesma forma, no despertar, pode ser ativada uma fantasia com todos os seus detalhes, que, acrescentada ao sonho, dá a impressão de que se passou quando o sonhador estava dormindo, enquanto que na verdade foi acrescentada ao conteúdo onírico no momento do despertar. Essa fantasia inconsciente já estava pronta, à espera de uma oportunidade de expressão que pode ter surgido com um estímulo despertador adequado.

Da imagem à palavra.

A proposta freudiana, com a interpretação dos sonhos, é de operar a passagem do relato fornecido, pelo sonhador, das imagens do seu sonho ao texto a ser interpretado. Não é o relato, como um todo, que é submetido à interpretação, mas o texto desse relato. E a interpretação consistirá em desfazer desse texto "as tiras e remendos", a argamassa lógica que lhe foi imposta pela elaboração secundária, enfim, em desmanchar o tecido do texto para chegar ao enunciado do desejo.[32]

Com *A interpretação do sonho* Freud não pretende fazer a apologia da imagem. Não há nenhuma comu-

32 Cf. Pontalis, J.-B., *A força de atração*, Rio de Janeiro, Zahar, 1991, p.18.

nhão entre a proposta freudiana e a proposta do cinema, contemporâneas uma da outra. Enquanto o cinema vai construir uma verdadeira mística da imagem, Freud vai elaborar sua teoria "sobre as ruínas do templo da imagem".[33] Não foi sem razão que ele recusou a tentadora oferta que lhe foi feita por Hans Neumann através de Abraham. Não se tratava de uma recusa pura e simples do cinema, tanto que admitiu (para Abraham) que, no tocante ao tema do amor, o cinema oferecia possibilidades de uma adequada apresentação plástica. Sua restrição dizia respeito à possibilidade do cinema fazer uma apresentação plástica "minimamente séria" dos *conceitos* psicanalíticos.

Freud tinha plena consciência de que o cinema e a psicanálise dos sonhos, apesar de algumas semelhanças superficiais, constituíam-se como projetos que apontavam para direções opostas. Enquanto o primeiro se propunha colocar o discurso simbólico em imagens, a psicanálise se propunha operar a passagem do silêncio (da imagem) à palavra. A psicanálise não se oferece como uma disciplina descritiva, sua proposta em nada se assemelha a de uma psicologia fenomenológica.

A imagem, para Freud, mais do que desveladora, é encobridora da verdade do desejo. Se ela se constitui como ponto de partida empírico da psicanálise (a importância do visual no histérico), se mesmo nas primeiras construções teóricas de Freud a imagem desempenha um papel central (imagens visual, acústica, motora, tátil etc. em *Afasias* e no *Projeto*), isto não significa uma adesão à psicologia da imagem. Isto não quer dizer que Freud recuse à imagem um lugar em sua teoria, quer

33 Cf. Patrick Lacoste, *L'Étrange cas du professeur M*, Paris, Gallimard, 1990, p.205 (citado por Pontalis, J.-B., op. cit., p.39).[Ed. bras.: *Psicanálise na tela*, Rio de Janeiro, Zahar, 1992.]

dizer, sobretudo, que para a psicanálise a imagem possui um outro valor que aquele que lhe é concedido pela psicologia ou mesmo pela filosofia dos séculos XVIII e XIX.

Se o conceito de *Vorstellung* tem uma importância tão grande na obra de Freud, e se uma *Vorstellung* é um complexo imagético, pode parecer estranho que se recuse à psicanálise a importância da imagem.

A estranheza talvez se dissipe se levarmos em conta que a psicanálise opera uma subversão do conceito de imagem e, por decorrência, do próprio conceito de *Vorstellung*.

As imagens do sonho, para Freud, não têm o valor de imagens, isto é, não se propõem como imagens das coisas. Desde o texto sobre as afasias Freud já afirma que as imagens que formam as chamadas "associações de objeto" e que vão constituir a *representação-coisa* (ou *representação-objeto*) não retiram a sua unidade e o seu significado da coisa. O que confere unidade e significado às imagens que formam a representação-coisa é a palavra (ou a representação-palavra) e não a coisa ela própria. As imagens, enquanto signos, remetem não às coisas mas às demais imagens, formando uma cadeia de imagens ou cadeia de representações (*Vorstellungen*).

A imagem, para Freud, não é um ícone da coisa. No máximo poderíamos concebê-la como um sinal (na terminologia de Peirce) das coisas, sem que, no entanto, guarde qualquer relação de semelhança com o sinalizado.

As imagens, enquanto signos, apontam para algo que lhes é exterior — as coisas (*Dinge*) — mas sem que se conceba essa relação como uma relação de semelhança.

É a partir desse modo de se conceber as imagens que podemos dizer que a máxima lacaniana "O inconsciente é estruturado como uma linguagem" pode ser aplicada a Freud desde seus textos iniciais.

Sobredeterminação (Überdeterminierung).

Para Freud, a multivocidade das palavras, sua polissemia irredutível, é um fato indiscutível. Se admitirmos que a máxima lacaniana reproduzida acima poderia ser aplicada aos textos freudianos referentes à histeria e aos sonhos, a noção de sobredeterminação resultaria uma conseqüência necessária.

A sobredeterminação designa o fato de uma formação do inconsciente, seja ela um sonho, um sintoma ou um ato falho, ter uma multiplicidade de fatores determinantes.

O sentido de um sonho, por exemplo, nunca se esgota numa única interpretação, e isso em razão da sobredeterminação. Um mesmo elemento do sonho manifesto pode nos remeter a séries inteiramente diferentes de pensamentos latentes. Esta não é uma característica apenas dos sonhos mas de qualquer formação do inconsciente, o que torna vã a tentativa de esgotar o sentido de um sonho ou de um sintoma numa única interpretação.

A sobredeterminação atinge tanto o sonho considerado como um todo, como seus elementos considerados isoladamente. Num único sonho reúnem-se várias realizações de desejo, sendo que um sentido encobre outros numa série que, a rigor, não tem primeiro termo. O que Freud afirma sem hesitação é que os sentidos encobertos remetem inexoravelmente a desejos infantis. Essas séries que se recobrem formam uma trama com inúmeros pontos de entrecruzamento, denominados por Freud de *pontos nodais* (*Knotenpunkte*).

Vimos que os pensamentos que formam o conteúdo latente do sonho não diferem dos pensamentos da vigília, sendo que o fato de serem censurados e submetidos à deformação onírica pode ser tomado como índice de que são construídos da mesma forma e com a mesma correção dos pensamentos da vigília. Essa deformação é resultado do trabalho do sonho. É através da condensação, do deslocamento e da consideração à figurabilidade que os pensamentos latentes portadores de um valor psíquico elevado são transformados no conteúdo manifesto.

A sobredeterminação diz respeito à relação do conteúdo manifesto com os pensamentos latentes e não à relação dos pensamentos latentes entre si. Os elementos do pensamento latente que estão associados a um determinado conteúdo manifesto não precisam estar associados entre si, eles podem pertencer às mais diversas regiões da contextura dos pensamentos latentes.

O problema da sobredeterminação já estava presente nos *Estudos sobre a histeria.* Nessa época, Freud já afirmava que a gênese das neuroses é sobredeterminada, que vários fatores devem convergir para sua formação. Essa multiplicidade de fatores era referida a duas ordens distintas: a primeira delas dizia respeito às predisposições constitucionais, e a outra à pluralidade dos acontecimentos traumáticos. Este segundo grupo de fatores foi adquirindo importância teórica cada vez maior para Freud.

No último item dos *Estudos,* ele escreve o seguinte:

> A cadeia lógica não se parece tanto a uma linha quebrada em ziguezague, mas a um sistema de linhas ramificadas e em particular convergentes. Contêm pontos nodais nos quais dois ou mais fios se reúnem e daí continuam como um só; e no núcleo desembocam em geral vários fios de caminhos distintos ou que são ligados por conexões laterais. Para dizer com outras palavras: é notável o quão freqüentemente um

sintoma é de determinismo múltiplo, de comando múltiplo [*mehrfach determiniert, überbestimmt*].[34]

A questão da sobredeterminação nos remete diretamente à questão da *superinterpretação.* Esta diz respeito a uma segunda interpretação que se sobrepõe à primeira, e que tem como resultado um outro significado do sonho (ou do sintoma), distinto daquele que foi obtido com a interpretação anterior.

A superinterpretação não ocorre em virtude de ter sido a primeira malfeita ou por ter revelado de forma incompleta o sentido do sonho. Mesmo que a primeira interpretação tenha revelado um sentido que se apresenta como completo, ela se reveste de uma incompletude que lhe é essencial, e isto pela natureza sobredeterminada do sonho.

A rigor, não há interpretação completa, se por "completa" entendemos "definitiva", "última"; pode haver, isto sim, várias interpretações "completas", sem que uma exclua o valor de verdade da outra. Freud assinala o quanto é difícil convencer o principiante na interpretação dos sonhos de que a interpretação que ele empreendeu, que lhe parece fazer sentido e ser esclarecedora de todos os elementos do sonho, não é definitiva e última, de que sua tarefa não chegou necessariamente ao fim. Para o mesmo sonho é possível que haja uma outra interpretação que lhe escapou, uma "superinterpretação" (*Überdeutung*).[35]

O emprego que Freud faz da noção de superinterpretação é mais amplo do que pode parecer pelo exposto acima. Ela tanto pode aplicar-se aos sonhos pelo seu caráter sobredeterminado, como pode ser decorrente do fato do analisando apresentar novas associações ao

34 *AE*, **2**, p.295; *ESB*, **2**, p.347; *GW*, **1**, p.294.
35 *AE*, **5**, p.517; *ESB*, **5**, p.558; *GW*, **2/3**, p. 528.

material oferecido originalmente ao analista. No primeiro caso, a superinterpretação é imposta pelo trabalho do sonho; no segundo, pela multiplicação do material associativo. Já vimos, no entanto, que este segundo caso cai sob a rubrica da *elaboração secundária* que, apesar de ter sido considerada inicialmente como externa ao trabalho do sonho, acaba sendo apontada por Freud como parte integrante da elaboração onírica.

Como decorrência, a própria noção de superinterpretação se amplia, passando a abarcar tanto a sobreposição das significações quanto o aumento do material resultante de novas associações, o que faz com que o trabalho de interpretação se estenda para além dos limites inicialmente supostos.

Claro está que esse caráter de inacabamento essencial da interpretação não decorre de uma deficiência do método mas é constitutivo dele. Significa, sobretudo, que não há começo nem fim absolutos, que não há uma verdade essencial e imutável a ser descoberta, e, acima de tudo, que não há sentido sem interpretação assim como não há interpretação sem sentido.

Sentido e interpretação não são duas realidades exteriores entre si cujo encontro se dá na relação analítica, considerada como articuladora de duas exterioridades. Não há sentido original, todo sentido já é uma interpretação, assim como toda interpretação é uma forma de constituição de sentido.

Isto nos reenvia à questão do *umbigo do sonho*, ponto insondável, formado por um emaranhado de pensamentos oníricos, e que na opinião de Freud deve ser protegido de interpretações que se pretendam exaustivas, posto que a aproximação a este ponto pode significar a ruptura da própria interpretação.[36]

36 *AE*, **4**, p.132 n2; *ESB*, **4**, p.119 n2; *GW*, **2/3**, p. 116 n1.

6

Sobre o Simbolismo

Ao descrever a função da linguagem, Émile Benveniste diz que ela reproduz a realidade.[1] A afirmação pareceria grosseira se ele não chamasse a atenção para o fato de que o termo *reprodução* deve ser entendido da maneira mais literal: produzir novamente. Pela linguagem, a realidade é produzida novamente, a cada fala as coisas e os acontecimentos são recriados. E não é apenas o mundo que é criado ou recriado, mas o próprio pensamento, posto que para o lingüista não há pensamento sem linguagem.

A organização do mundo e a própria organização do pensamento são tributárias da linguagem. É nesta medida que, ao reproduzir a realidade, a linguagem o faz segundo a organização que é a sua, de tal modo que essa reprodução é na verdade uma recriação constante. A ordem da realidade e a ordem do discurso são indissociáveis. Benveniste relembra que os gregos tinham consciência disto ao afirmarem que a linguagem é *logos,* isto é, discurso e razão ao mesmo tempo.

Sem a linguagem o indivíduo humano desaparece, e não apenas ele, mas o próprio mundo enquanto mundo organizado. Essa íntima articulação entre o mundo dos objetos e dos acontecimentos com a linguagem chega ao ponto, por exemplo, de excluir do mundo

1 Benveniste, E., *Problemas de lingüística geral,* I, Campinas, Pontes/Unicamp, 1988, p.26.

infantil, como inexistentes, certos objetos que não são nomeados para a criança pelos adultos que a cercam. Sem a linguagem, o mundo humano, com tudo o que dele faz parte, desaparece. Não houve um tempo no qual o homem existia sem a linguagem, tendo vindo a adquiri-la posteriormente. Como assinala Benveniste, "o homem não foi criado duas vezes, uma vez sem linguagem, e uma vez com linguagem".[2]

Sinal e símbolo.

É graças à linguagem que o homem é capaz de *simbolizar*, entendendo-se por isto a capacidade que ele possui de estabelecer uma relação entre o real e o *signo*, este último entendido como um representante do real, relação esta que será de *significação*.

Etimologicamente, a palavra *símbolo* vem do grego (*symbolon*) e era empregada, dentre outras formas, para designar as duas metades de um objeto partido que se aproximavam.[3] Esse significado etimológico é interessante por indicar que desde suas origens o termo já era empregado não no sentido de expressar uma qualidade de objeto, mas no de uma relação. Platão, na *República*, emprega o termo para designar a moeda como símbolo das trocas dos produtos do trabalho,[4] mantendo ainda o termo afastado de uma referência à linguagem. Com Aristóteles o símbolo passa a ser considerado como um signo convencional (não-natural).

2 Benveniste, E., op. cit., p.29.

3 Cf. Lalande, A., *Vocabulaire technique et critique de la philosophie*, Paris, PUF, 1968.

4 Platão, *A República*, Livro II, 371b (Na tradução portuguesa, editada pela Fundação Calouste Gulbenkian, o termo empregado é "sinal" para traduzir o grego συμβολον, *symbolon*).

É esse caráter convencional do símbolo que, para além das divergências teóricas, pode ser apontado como sua característica fundamental.

Tomado no sentido amplo, o símbolo se insere na categoria geral dos *signos*. Num levantamento feito em três bons dicionários italianos, Umberto Eco recolhe mais de dez acepções diferentes da palavra *signo*.[5] De todas elas, porém, resulta um entendimento do signo como *alguma coisa que está em lugar de outra*.

Fundamentalmente, é o que está contido na definição de Charles Sanders Peirce, "*something which stands to somebody for something in some respect or capacity*", o que poderia ser traduzido como "alguma coisa que aos olhos de alguém está por outra coisa a algum respeito ou por alguma sua capacidade".[6]

Além da definição de Peirce conter a referência a um sujeito para quem o signo se constitui como signo, contém também a ressalva "a algum respeito", que segundo Eco significa que o signo não representa a totalidade do objeto, mas alguns dos seus aspectos.

Apesar das críticas que lhe foram feitas e do emprego abusivo que teve por parte de muitos autores, a classificação dos signos em relação ao seu objeto, feita por Peirce, gozou (e goza ainda) de grande popularidade. Trata-se da distinção entre *índice* ou *sinal, ícone* e *símbolo*.

Em relação ao seu objeto (referente), um signo pode ser:

1. Índice ou *sinal*: é um signo que possui uma conexão física com o objeto que indica (a fumaça como índice

5 Eco, U., *O signo*, Lisboa, Presença, 1977.

6 Peirce, C.S., *Collected Papers*, Cambridge, Harvard University Press, 1931-35. Tradução em Eco, U., op. cit., p.32.

de fogo, o dedo apontado para um objeto, a biruta indicando a direção do vento);
2. Ícone: é um signo que remete para o seu objeto em virtude da semelhança (a fotografia e o fotografado);
3. Símbolo: é um signo arbitrário cuja ligação com o objeto é estabelecida por uma lei. É o caso do signo lingüístico.

Creio serem indispensáveis algumas observações a respeito da classificação acima, e a primeira delas afeta a própria distinção entre *sinais* e *ícones*, de um lado, e *símbolos*, de outro, com base no critério da arbitrariedade destes últimos.

Freud não concordaria com o critério da distinção acima. A afirmação de que o ícone mantém uma relação natural de semelhança com a coisa, e que portanto é um signo natural (ou motivado) e não arbitrário, corresponderia a fazer da representação-objeto (*Objektvorstellung*) de Freud uma representação *de* objeto ou uma representação *de* coisa. Já vimos como para ele a representação (*Vorstellung*) não é representação *da* coisa, isto é, como a representação-objeto retira sua unidade não da relação que mantém com a coisa externa mas da relação que mantém com a representação-palavra. Portanto, o que confere ao objeto sua unidade de objeto não é a coisa, mas a linguagem, ou, o que vem a dar no mesmo, todo objeto é necessariamente feito de coisa e de linguagem. Isto já seria suficiente, por si só, para eliminar a naturalidade do ícone.

Mais de meio século depois de Freud, Jacques Lacan faz uma crítica do conceito de índice ou sinal (que ele chama de signo), dizendo que se a fumaça é signo de fogo, pode ser também, e segundo ele sempre é, signo do fumante. Se passamos por uma ilha deserta e vemos fumaça, não pensamos que ali há fogo, mas sim que ali há alguém que sabe fazer fogo. "O signo [sinal] não é portanto signo de alguma coisa, mas de um efeito que é aquilo que se supõe, enquanto tal, de um funcionamento do significante".[7]

Saussure e a arbitrariedade do signo lingüístico.

O termo "arbitrário" referido ao símbolo não designa gratuidade ou ausência de ordem, mas o fato de que o símbolo não pertence ao universo físico ou biológico, e sim ao universo do sentido. Ele é arbitrário ou convencional porque é não-natural. Essa foi a característica principal apontada por Saussure como definidora do signo lingüístico ou pelo menos é isto que encontramos difundido como a verdade da concepção saussureana do signo lingüístico.

Saussure nos diz, em primeiro lugar, que o signo lingüístico une um conceito e uma imagem acústica (e não uma coisa e uma palavra). Assim, a palavra "árvore" (imagem acústica) não remete diretamente à *coisa* árvore, mas ao *conceito* de árvore, de tal modo que ambas as partes dessa unidade lingüística são de natureza psíquica. Isto porque a própria imagem acústica não deve ser confundida com o som enquanto coisa puramente física, mas considerada como a *impressão* psíquica desse som. O importante é retermos a idéia de que o signo não é apenas a palavra "árvore", por exemplo, mas a combinação da imagem acústica "árvore" com o conceito "árvore".

O signo é, pois, uma entidade necessariamente dupla e não um nome apenas. Para evitar confusões, Saussure propõe que se substituam os termos *conceito* e *imagem acústica* por *significado* e *significante*, respecti-

7 Lacan, J., *O seminário*, Livro 20, Rio de Janeiro, Zahar, 1982, p.68.

vamente. O *signo* lingüístico une, portanto, de forma necessária, um significado e um significante. Essa entidade de dupla face pode ser representada graficamente da seguinte forma:

A afirmação de Saussure de que "o laço que une o significante ao significado é arbitrário",[8] embora se constitua como um dos princípios que rege o signo lingüístico (o outro é o da *linearidade* do significante), não está ao abrigo de discussões.

Benveniste: arbitrariedade ou necessidade?

Benveniste, apesar de aceitar a bipartição do signo proposta por Saussure, pergunta se é coerente sua argumentação sobre a arbitrariedade do elo que une significante e significado.[9] A contra-argumentação apresentada por Benveniste é, resumidamente, a seguinte: Saussure toma o signo lingüístico como formado pela união de um significado e um significante, entendendo por "significado" o *conceito* e não a coisa, de tal modo que nada una de maneira necessária o significado "árvore" à seqüência de sons que lhe servem de significante, tanto que o mesmo significado pode estar ligado aos significantes *arbor, arbre, tree* ou *Baum,* o que atestaria, por si só, a arbitrariedade do signo.

8 Saussure, F. de, *Curso de lingüística geral,* S. Paulo, Cultrix, s/d, p.81.
9 Benveniste, E., op. cit., p.54.

Benveniste considera, contudo, que há um falseamento nessa argumentação de Saussure pelo fato de que há um terceiro termo, não compreendido na definição do signo, mas que é sub-repticiamente admitido na argumentação. Quando Saussure diz que a idéia de "árvore" não está ligada ao significante "árvore", uma vez que a mesma idéia pode estar ligada aos significantes *arbor, arbre, tree* ou *Baum,* ele diz no entanto que estes diferentes significantes referem-se à mesma *realidade.* (A bem da verdade, não encontrei no texto do *Cours* nenhuma passagem onde Saussure afirme que os diferentes significantes se aplicam à mesma *realidade,* mas sim a afirmação de que eles se aplicam ao mesmo *significado.*[10]) Benveniste vê nessa referência à realidade uma presença da *coisa* que havia sido excluída da definição do signo.

Sendo a lingüística uma ciência da *forma,* não haveria razão para se introduzir, ainda que veladamente, a "substância" árvore (do nosso exemplo) para tornar possível a compreensão do signo. É porque temos como referência a árvore concreta e substancial que podemos falar da arbitrariedade da relação entre *árvore, tree* ou *Baum* com a mesma realidade. "Decidir que o signo lingüístico é arbitrário porque o mesmo animal se chama *boi* num país, *Ochs,* no outro, equivale a dizer que a noção do luto é *arbitrária* porque tem por símbolo o preto na Europa, o branco na China".[11]

Para Benveniste, essa arbitrariedade só existe para um observador alienígena, imparcial e completamente descompromissado com as diferenças culturais das línguas implicadas. O fato de uma mesma realidade poder ser nomeada diferentemente em diferentes países é

10 Cf. Saussure, F. de, op. cit., p.82.
11 Benveniste, E., op. cit., p.55.

uma prova evidente de que nenhuma das denominações pode se pretender absoluta. Isso não quer dizer, porém, que o laço que une o significante e o significado seja arbitrário.

O que é arbitrário é o signo considerado como uma totalidade, o fato de um determinado signo e não outro aplicar-se à realidade, mas não a união significado/significante que o constitui como signo lingüístico. "Entre o significante e o significado, o laço não é arbitrário; pelo contrário, é *necessário*".[12]

Em defesa do caráter necessário do laço que une significante e significado, Benveniste argumenta que não poderia ser de outra forma, já que ambos foram impressos juntos no espírito de cada pessoa, e juntos são evocados em todas as circunstâncias. A ligação entre ambos é tão estreita que, na opinião de Benveniste, o conceito "boi" é como que a alma da imagem acústica *boi.*

Não precisamos entrar na discussão sobre o caráter arbitrário ou não-arbitrário do signo lingüístico empreendida por Benveniste, sendo suficiente retermos dela alguns aspectos que tocam de perto a nossa questão. Quando Benveniste defende o ponto de vista segundo o qual o que é arbitrário é o fato de um signo, e não outro, ser aplicado a determinada realidade, enquanto que o laço que une o significante ao significado é, ao contrário, necessário, ele está mais perto de Freud do que poderíamos imaginar à primeira vista.

Tanto quanto o Freud de *Afasias,* Saussure não estava preocupado com a relação metafísica entre o signo e a realidade ou entre o espírito e as coisas que lhe são exteriores. A questão do lingüista e a questão do

12 Ibid.

filósofo são questões diferentes. Aquilo que vai se constituir como objeto de investigação do lingüista é o signo enquanto relação entre um significante e um significado, e não a relação entre os signos e as coisas.

Ao afirmar que a relação significante/significado é *necessária,* Benveniste alude ao fato de que o conceito (significado) "boi" foi impresso na consciência juntamente com o conjunto fônico (significante) *boi;* "o espírito não contém formas vazias, conceitos não nomeados", diz ele.[13]

A idéia de uma relação necessária entre o significante (imagem acústica) e o significado (conceito) já estava presente em Freud quando escreve *Sobre as afasias* em 1891. No complexo *representação-palavra,* Freud distingue a imagem acústica (o significante, na terminologia saussureana) como aquilo que representa a palavra. A imagem acústica liga-se às *associações de objeto,* conjunto das imagens visuais, táteis, acústicas etc, que vão formar a *representação-objeto.* Esta última, contudo, só se formará a partir da articulação das associações de objeto com a imagem acústica da representação-palavra. Dito de outra maneira: o objeto não adquire unidade e não se constitui como conceito senão pela sua relação com a representação-palavra (ou, mais especificamente, com sua imagem acústica) e esta, por sua vez, não adquire significado senão pela sua relação com as associações de objeto (particularmente, com suas imagens visuais).[14] O esquema gráfico de Freud (ligeiramente modificado por mim) é o seguinte:

13 Benveniste, E., p.56.

14 Cf. Freud, S., *Contribution à la conception des aphasies,* Paris, PUF, 1987 (Ver também: Garcia-Roza, L. A., *IMF,* vol.1, Rio de Janeiro, Zahar, 1991, cap.1, 7).

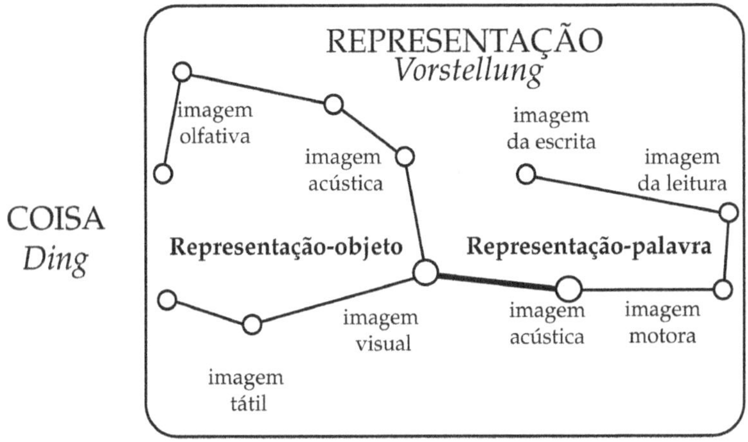

Não é da coisa que a palavra retira seu significado, assim como não é da coisa que o objeto retira sua unidade; tudo se passa numa relação entre significante e significado. Isto em nada altera a tese da arbitrariedade do signo (considerado como um todo na sua relação com o referente), ao contrário, reforça-a, ao mesmo tempo que mantém intacta a tese de Benveniste da articulação necessária entre significante e significado.

A concepção ampliada do símbolo.

Para alguns autores todo fenômeno social é considerado também como arbitrário, o que pode fazer com que a noção de símbolo tenha sua extensão ampliada no sentido de abarcar qualquer fenômeno social. Para Marcel Mauss, por exemplo,

> todo fenômeno social tem na verdade um atributo essencial: seja um símbolo, uma palavra, um instrumento, uma instituição; seja mesmo a língua, e até a ciência bem feita; seja ele o instrumento mais bem adaptado aos melhores e mais nu-

merosos fins, seja ele o mais racional possível, o mais humano, *ele é ainda arbitrário.*[15]

De forma semelhante, Cassirer faz da função simbólica o mediador entre a subjetividade e o real. Para Cassirer, em lugar de definirmos o homem como um animal racional, deveríamos defini-lo como um animal simbólico, pois não é a racionalidade que torna possível a simbolização, mas, ao contrário, esta é que é a pré-condição da racionalidade humana.[16] Portanto, não somente a linguagem verbal mas a cultura na sua totalidade, incluindo os ritos, as instituições, os costumes etc., são considerados *formas simbólicas.*

Nessa mesma linha de pensamento, Lévi-Strauss vai apontar o símbolo como o próprio *a priori* do social. Para ele, não há fatos sociais que são, em seguida, simbolizáveis, mas, ao contrário, a vida social humana só pode emergir a partir do pensamento simbólico. O simbólico não é aquilo cuja gênese deva ser explicada pela sociologia ou pela etnologia, mas aquilo que deve ser considerado como dado, como ponto de partida do social e do cultural. Não há sociedade humana, nem cultura, anteriormente à emergência do pensamento simbólico. O simbólico não é o ponto de chegada do social mas seu ponto de partida. A própria comunicação entre seres humanos não é possível senão em função de um sistema simbólico que funda a linguagem e torna possível o social humano. Em "Introdução à obra de Marcel Mauss", Lévi-Strauss, fazendo alusão à noção de *fato social*

15 Citado por Bourdieu, P., *A economia das trocas simbólicas,* S. Paulo, Perspectiva, 1974, p.xxvi.

16 Cassirer, E., *Filosofia de las formas simbólicas,* México, Fondo de Cultura Económica, 1945.

total introduzida por Mauss em *Essai sur le don*, afirma que "o social não é real senão integrado em sistema".[17] Esse sistema é de ordem simbólica.

A afirmação de que a língua é um *sistema*, uma forma e não uma substância, vamos encontrar, igualmente, em Ferdinand de Saussure.[18] Saussure distinguia "língua" (*langue*) e "fala" (*parole*), sendo a *fala* o ato singular pelo qual dois sujeitos se comunicam, e a *língua* um sistema sobre o qual repousam as possibilidades dessa comunicação de significações. Enquanto a fala é variável, a língua é estável. Dessa forma, o *sistema* (a língua) persiste e somente o jogo das oposições internas ao sistema pode variar, sendo que é esse jogo que torna a significação possível. Portanto, não pode haver pensamento antes do aparecimento da língua. A língua não "traduz" o pensamento em palavras, ela funda a possibilidade do próprio pensamento. Não há idéias preexistentes que seriam a "substância" da língua, a língua é pura forma.

Esse sistema, no interior do qual se dão as oposições significantes, Lévi-Strauss diz que é inconsciente. As noções de *simbólico*, de *sistema* e de *inconsciente* estão ligadas entre si, no social, de forma necessária, e frases como "O inconsciente é o caráter comum e específico dos fatos sociais", ou ainda, "O inconsciente é o termo mediador entre eu e outrem",[19] conduzem-no à seguinte conclusão do seu artigo:

> De fato, não se trata de traduzir em símbolos um dado extrínseco, mas de reduzir à sua natureza de sistema simbó-

17 Prefácio a "Sociologie et anthropologie", de Marcel Mauss, in: *Estruturalismo*, antologia de textos teóricos, Lisboa, Portugália, 1968.

18 Saussure, F. de, *Curso de lingüística geral*, S. Paulo, Cultrix, p.124.

19 Lévi-Strauss, C., "Introdução à obra de Marcel Mauss", in: *Estruturalismo*, Lisboa, Portugália, 1968, p.169.

lico coisas que daí não escapam senão para se incomunicabilizarem. Como a linguagem, o social é uma realidade autônoma (a mesma, aliás); os símbolos são mais reais do que aquilo que simbolizam, o significante precede e determina o significado".[20]

É, contudo, na análise do mito, que essa identificação da *função simbólica* com as *leis estruturais do inconsciente* ganha pleno relevo, segundo Lévi-Strauss. O estudo dos mitos permite, de forma privilegiada, elaborar um "inventário dos recintos mentais", reduzir dados aparentemente arbitrários a uma ordem. No mito, diz ele, o espírito não faz outra coisa senão falar de si mesmo, e se assim for, as leis de funcionamento do mito podem ser, talvez, as mesmas que as do espírito. O fato dessas leis permanecerem inconscientes para o espírito não significa que a mitologia deva se transformar numa psicologia coletiva. "A análise mítica não tem e não pode ter por objeto mostrar como os homens pensam... Não pretendemos mostrar como os homens pensam dentro dos mitos, mas como os mitos se pensam dentro dos homens, e sem eles saberem".[21]

A relação que o mito mantém com a linguagem, relação de semelhança e de diferença, pode ser estabelecida tomando-se como referência a noção de *tempo*. Que o mito tem a ver com a linguagem, é algo que hoje em dia ninguém coloca em dúvida, mas fazer uma mera aproximação entre mito e linguagem não resolve o problema do mito e tampouco o da linguagem. A especificidade do pensamento mítico só pode ser estabelecida se levarmos em conta não só que o mito está situado na linguagem mas que também se situa para além dela.

20 Ibid.
21 Lévi-Strauss, C., *Le cru et le cuit*, Paris, Plon, 1964, p.20.

Retomando a distinção saussureana que vimos acima, entre *langue* e *parole*, e referindo-a ao tempo, temos que a linguagem oferece dois aspectos complementares: enquanto a língua pertence ao domínio de um *tempo reversível*, a fala pertence ao domínio do *tempo irreversível*. Se, segundo Lévi-Strauss, é possível isolar estes dois níveis na linguagem, nada exclui que possamos definir um terceiro.[22]

O mito possui tanto uma dimensão histórica (como a fala) como uma dimensão a-histórica (como a língua), sem no entanto se reduzir a uma ou a outra. Realmente, o mito refere-se sempre a acontecimentos passados (ao tempo primordial) mas simultaneamente possui uma estrutura permanente que aponta tanto para o passado como para o presente e o futuro, o que o torna atemporal.

Esse caráter a-histórico do mito pode ser avaliado se levarmos em consideração que ele resiste à pior das traduções — a ele não se aplica a máxima *traduttore, traditore*. As características particulares da linguagem (sintaxe, estilo, vocabulário), sua dimensão propriamente histórica, podem ser violentadas sem que se altere o sentido. O mito, conclui Lévi-Strauss, tal como a música, *são máquinas de suprimir o tempo*.[23]

Para Jacques Lacan, igualmente, a ordem humana, em todos os seus momentos e em todos os níveis de sua existência, caracteriza-se pela intervenção da função simbólica.[24] Essa função, embora especificamente hu-

22 Lévi-Strauss, C., *Antropologia estrutural*, Rio de Janeiro, Tempo Brasileiro, p.240-2.

23 Lévi-Strauss, C., *Le cru et le cuit*, Paris, Plon, 1964, p.24.

24 Lacan, J., *O seminário*, Livro 2, Rio de Janeiro, Zahar, 1985, p.44.

mana, não seria inteiramente nova, ela já estaria sugerida no nível do comportamento animal. Este é o ponto de vista de Lacan em seu artigo "O simbólico, o imaginário e o real", anterior à comunicação do Congresso de Roma, artigo este que se propõe como uma introdução e ao mesmo tempo como manifesto-programa para uma orientação do estudo da psicanálise. Esse ponto de vista é expresso no ano seguinte em seus seminários.[25]

Tomando como referência o comportamento animal, Lacan afirma que os mecanismos disparadores do comportamento sexual são essencialmente da ordem do imaginário. O animal responde a uma *Gestalt*, sendo que na maioria das vezes trata-se de uma *Gestalt* visual. No entanto, este comportamento é suscetível de sofrer certos deslocamentos. Assim, por exemplo, um pássaro em pleno combate com seu adversário pela posse da fêmea é capaz de parar a luta para alisar as plumas. Este elemento de deslocamento, por mais aberrante que pareça, Lacan nos diz que é absolutamente essencial na ordem dos comportamentos ligados à sexualidade. Na verdade, ele só é aberrante se tomarmos como referência o combate. Mas se entendermos que este último tem por alvo a obtenção da fêmea, então o alisar as penas é adequado ao objetivo final que é a conquista da parceira sexual. O importante, para nosso tema, é que Lacan vê nesses deslocamentos um esboço do que poderíamos chamar de comportamento simbólico.

O porquê dele ser denominado "simbólico" decorre do fato desses segmentos de comportamento deslocados tomarem um valor socializado, sinalizando para o grupo animal um certo comportamento coletivo. Explicando melhor, quando um comportamento imaginá-

25 Cf. Lacan, J., *O seminário*, Livro 1, Rio de Janeiro, Zahar, 1983, p.144 e seg.

rio, por sua ação sinalizadora sobre as imagens para um outro sujeito é suscetível de deslocamento fora do círculo que assegura a satisfação direta de uma necessidade natural, ele passa a ser considerado como um esboço de comportamento simbólico. A diferença entre esse comportamento "simbólico" no animal e o simbólico humano está em que no animal isto se dá de forma não eletiva. Aquilo, portanto, que Lacan aponta como esboço de comportamento simbólico no animal, é o *valor de signo* que um comportamento toma para um outro animal e que escapa ao circuito fechado das condutas de estímulo e resposta visando a satisfação de uma necessidade natural.

É, no entanto, em relação ao humano que o termo *simbólico* toma seu sentido pleno e sua extensão máxima. Para Lacan, a função simbólica engloba a ordem humana em sua totalidade.[26] Nada do que se passa na ordem humana escapa à função simbólica, sendo que esta ordem constitui uma totalidade, um universo, que é a própria ordem simbólica. A idéia de um "comportamento simbólico" no animal, exposta acima, poderia dar a impressão de que passamos gradualmente de elementos simbólicos isolados, constituídos pelos deslocamentos do comportamento animal, para o simbólico humano concebido como uma totalidade; idéia, sem dúvida alguma de inspiração kojeviana,[27] reformulada posteriormente pelo próprio Lacan.

O universo simbólico não se constitui aos poucos, pedaço por pedaço, como se fosse um mero conjunto aditivo de elementos. Como diz Lévi-Strauss em seu artigo sobre Marcel Mauss: quaisquer que tenham sido

26 Lacan, J., *O seminário*, Livro 2, Rio de Janeiro, Zahar, 1985, p.44.
27 Cf. Kojève, A., *Introduction à la lecture de Hegel*, Paris, Plon, 1947(1968), "En guise d'introduction".

o momento e as circunstâncias do aparecimento da linguagem, esta somente pode ter surgido de súbito — as coisas não poderiam ter-se posto a significar progressivamente. A partir do surgimento da palavra o universo inteiro se tornou significativo.

Fazendo eco da afirmação de Lévi-Strauss, Lacan acrescenta num dos seus seminários: "Por menor que seja o número de símbolos que vocês possam conceber no momento da emergência da função simbólica como tal na vida humana, eles implicam a totalidade de tudo o que é humano. Tudo se ordena em relação aos símbolos surgidos, aos símbolos na medida em que apareceram".[28] *Simbólico* passa a designar, para Lacan, um dos três registros essenciais do campo psicanalítico, os outros dois sendo o do *imaginário* e o do *real*.

O simbólico e a simbólica.

Creio que é chegado o momento de distinguir *o* simbólico, tal como Lacan e Lévi-Strauss empregam o termo, e *a* simbólica, termo empregado por Freud para designar, dentre outras coisas, o simbolismo presente nos sonhos. Se há pontos comuns entre os dois termos, há, por outro lado, diferenças significativas.

Laplanche e Pontalis, em seu *Vocabulaire de la psychanalyse,* assinalam que *a* simbólica freudiana acentua a relação que une o símbolo com aquilo que ele representa, enquanto que *o* simbólico em Lacan designa a estrutura do sistema simbólico. A simbólica freudiana, num sentido lato, designa o modo de representação indireta e figurada de uma idéia ou de um desejo inconsciente, enquanto que num sentido restrito designa a

28 Lacan, J., *O seminário,* Livro 2, Rio de Janeiro, Zahar, 1985, p.44.

constância da relação entre o símbolo e o simbolizado inconsciente.[29]

A simbólica freudiana.

O primeiro emprego que Freud faz da noção de símbolo é em seu artigo de 1894, *As neuropsicoses de defesa,* para designar o "símbolo mnêmico" (*Erinnerungssymbol*). Utiliza-o como sinônimo de "sintoma mnêmico" ou "sintoma histérico", querendo dizer com isto que o fenômeno em questão funciona como símbolo de um traumatismo patogênico.[30] Ao apresentar o caso de Elizabeth von R., escreve que poderíamos supor "que a paciente havia estabelecido uma associação entre as suas impressões anímicas dolorosas e as dores corporais que por acaso registrara de maneira simultânea, e que agora, em sua vida mnêmica, estava usando suas sensações corporais como símbolo das anímicas".[31]

Um outro emprego que Freud faz da noção de símbolo, com um sentido que demonstra já uma certa independência com relação à noção de "símbolo mnêmico", é com referência ao que denomina *ato sintomático simbólico,* do qual nos oferece um excelente exemplo em *A psicopatologia da vida cotidiana:* Um colega seu estava almoçando com um amigo, professor de filosofia, que havia trabalhado como secretário de um ministro. O ministro foi transferido e o professor-secretário não se apresentou ao sucessor. No momento em que contava isto, durante o almoço, levou um pedaço de bolo até a boca mas deixou-o cair desajeitadamente, ao que o colega de Freud, entendendo o significado oculto desse

29 Laplanche, J., e Pontalis, J.-B., *Vocabulaire de la psychanalyse*, Paris, PUF, 1967.
30 *AE*, **3**, p.51; *ESB*, **3**, p.61; *GW*, **1**, p.63.
31 *AE*, **2**, p.159; *ESB*, **2**, p.193; *GW*, **1**, p.207.

ato sintomático, disse: "Você certamente perdeu um bom bocado". O colega, sem perceber o alcance da observação respondeu: "Sim, certamente perdi um bom bocado", e continuou a descrever o modo pelo qual perdera o emprego. Freud refere-se ao ato como "ato simbólico sintomático" (Symptomhandlung).[32]

A diferença entre o *ato sintomático simbólico* e o *símbolo mnêmico* é que no primeiro podemos detectar uma analogia de conteúdo entre o signo e o referente, enquanto no segundo essa analogia não precisa estar presente. A analogia entre "perder um bom emprego" e "deixar cair um bom pedaço de bolo da boca" é bastante clara, ao passo que nos símbolos mnêmicos não existe qualquer semelhança entre o signo e o referente; o signo não expressa o ato traumático, apenas associa-se a ele temporalmente.

É, porém, em *A interpretação do sonho* que Freud vai se referir a símbolos que se distinguem fundamentalmente dos acima descritos, embora não se possa deixar de assinalar a ausência quase que total da questão do simbolismo nas primeiras edições de *A interpretação do sonho.*[33]

A existência desses símbolos foi-lhe sugerida pelo fato de que certos desejos ou certos conflitos eram representados no sonho de forma semelhante, independentemente do sonhador. A esses sonhos, Freud chamou "sonhos típicos". São sonhos que lançam mão de símbolos já existentes e presentes no inconsciente de

32 *AE*, **6**, p.197; *ESB*, **6**, p.246; *GW*, **4**, p. 224.

33 A seção em que Freud trata do simbolismo nos sonhos foi acrescentada apenas na quarta edição, datada de 1914, em plena vigência, portanto, de seu confronto com Jung. Um outro texto no qual Freud trata de forma mais extensa a questão do simbolismo nos sonhos é na décima conferência das *Conferências de introdução à psicanálise* (vol. 15).

cada indivíduo. Encontramos esses símbolos não apenas nos sonhos mas na arte, nos mitos, na religião, e sua característica básica é a constância da relação entre o símbolo e o simbolizado. Freud os denomina "elementos mudos" do sonho, pois sobre eles o paciente é incapaz de fornecer associações.

A existência desses símbolos nos sonhos faz com que Freud distinga duas formas de interpretação: uma que faz uso das associações fornecidas pelo paciente e outra que se exerce diretamente sobre os símbolos. A razão dessa diferença está em que, no primeiro caso, a chave que permite ao intérprete decifrar o sentido do sonho é individual e pertence ao sonhador; o único meio de se chegar ao significado oculto é através das associações deste último. Não existe, neste caso, código geral ou universal, o código é privado. No caso dos sonhos que empregam símbolos, o sonhador serve-se de algo já pronto. Apesar do sonho ter sido uma produção sua, o símbolo utilizado pertence à cultura e seu significado transcende a ele. A interpretação, então, dependeria mais do conhecimento que o intérprete possui dos símbolos de uma determinada cultura do que das associações fornecidas pelo sonhador.

A distinção acima impõe, no entanto, que se tome um certo cuidado. Não se trata de fazer do intérprete — no caso, o psicanalista — um mero aplicador do *método de interpretação simbólica* a que Freud faz referência no capítulo 2 de *A interpretação do sonho*. Uma coisa é o sonho, *como um todo*, ser considerado como expressão de uma simbólica, de tal modo que caberia ao intérprete substituir o conteúdo manifesto por um outro que conteria o significado do primeiro (este é o método simbólico que Freud aponta como típico da interpretação bíblica); outra coisa é a presença de uma simbólica no sonho sem que isto diga respeito à totalidade dos elementos que o compõem e que resultam do trabalho do sonho. Os *elementos mudos* aos quais Freud se refere não abarcam a totalidade do sonho manifesto. São elementos que, embora se subtraiam às associações do sonhador, articulam-se com os demais elementos não-mudos e passíveis de múltiplas associações em função de sua sobredeterminação.

Essas duas formas de interpretação não são porém excludentes, mas complementares. Não se trata de, num caso, tomar o sonho como um todo e submetê-lo à interpretação simbólica, e, no outro, considerá-lo em seus detalhes e interpretar a partir das associações do paciente. Para Freud, o sonho continua sendo considerado a partir dos detalhes, dos fragmentos, dos elementos que compõem o conteúdo manifesto; os símbolos desempenhariam neste conjunto o papel de *elementos mudos,* isto é, de elementos para os quais o sonhador é incapaz de fornecer associações.

Há, portanto, nos sonhos, uma série de elementos cujos significados são constantes, embora desconhecidos do sonhador. Freud denomina *simbólica* essa relação constante entre um elemento onírico e sua tradução, e denomina *símbolo* o elemento onírico que representa o pensamento onírico inconsciente.[34] No essencial, essa relação simbólica é uma comparação, e nem sempre é fácil distingui-la da substituição, da figuração ou da alusão. Também não é imediatamente compreensível para Freud a razão pela qual, sendo uma comparação, o sonhador faça uso dela desconhecendo-a, além de não ser capaz de fornecer qualquer associação ao elemento simbólico.

34 *AE*, **15**, p.136; *ESB*, **15**, p.181; *GW*, **11**, p.152.

Na décima das *Conferências de introdução à psicanálise*, ele chama atenção para o fato de que, apesar dos símbolos empregados nos sonhos serem muito numerosos, os campos aos quais se confere uma representação simbólica são relativamente reduzidos: o corpo humano, os pais, o nascimento e a morte, a nudez, a sexualidade seriam os campos privilegiados pelo simbolismo onírico. Em seguida, enumera alguns símbolos dentre os mais usados com relação a estes campos: a *casa* como símbolo da pessoa humana; o *imperador* e a *imperatriz*, assim como o *rei* e a *rainha*, como símbolos dos pais; os irmãos são simbolizados por *animais pequenos;* a *água* é símbolo do nascimento; enquanto que a morte é simbolizada por *viagens* e *partidas.* Em comparação com o número restrito de símbolos referentes a essa gama de coisas figuradas simbolicamente nos sonhos, a quantidade de símbolos para o campo do sexual é extraordinariamente grande. Apenas para o órgão sexual masculino, Freud aponta os seguintes: *bengala, guarda-chuva, poste, árvore, faca, punhal, lança, espada, rifle, pistola, revólver, torneira, regador, chafariz, caneta, lapiseira, balão, avião, répteis* e *peixes,* além de *chapéus, sobretudos* e *capas* e muitas outras coisas mais. Os símbolos do órgão sexual feminino são igualmente numerosos: *buracos, cavidades* e *concavidades, malas, estojos, cofres, bolsas, barcos, armários, fogões, portas* e *portões, madeira, caramujos, conchas, igrejas, capelas, maçãs, peras* e *frutas* em geral, e uma série enorme de outras coisas do tipo *jóia, tesouro* etc. A lista torna-se ainda maior quando incluímos os símbolos do *ato sexual,* do *prazer sexual* e de tudo aquilo ligado à sexualidade.

A questão que se coloca em seguida para Freud é a de como poderemos conhecer o significado desses símbolos presentes nos sonhos já que o próprio sonhador não pode nos fornecer qualquer informação. A resposta, segundo ele, estaria contida nos contos de fadas, nos mitos, no folclore, na poesia. Em todas essas formas de discurso encontramos o mesmo simbolismo presente nos sonhos e, se estudarmos detalhadamente essas fontes, encontraremos os caminhos para a interpretação do simbolismo onírico.

Essa idéia de uma interpretação independente das associações do paciente levantou um problema que recebeu soluções distintas por parte daqueles que permaneceram fiéis a Freud e por parte dos que seguiram o caminho proposto por Jung.

Como surgiram esses símbolos e como os indivíduos se apropriam deles?[35] Enquanto os primeiros procuram responder a estas perguntas através de noções como as de *protofantasias* (é o caso de Laplanche e Pontalis, por exemplo),[36] os seguidores de Jung remetem a questão à teoria do inconsciente coletivo. Ambos, porém, defendem a idéia de que o termo "simbólico" deve ser reservado para os casos nos quais o simbolizado é um conteúdo latente inconsciente (inconsciente individual para os primeiros e inconsciente coletivo para os segundos).

A concepção do símbolo onírico como "elemento mudo" não recebeu adesão irrestrita. Apesar da tentativa de Freud de minimizar os efeitos da distinção entre os dois modos de interpretação, afirmando que são complementares, permanece o "mutismo" dos símbolos oníricos como um limite à associação livre, princípio da prática psicanalítica, além de estabelecer uma dicotomia entre duas técnicas de interpretação.[37]

35 Laplanche, J., e Pontalis, J.-B., *Vocabulaire de la psychanalyse*, Paris, PUF, 1967.

36 Laplanche, J., e Pontalis, J.-B., *Fantasia originária, fantasia das origens, origens da fantasia*, Rio de Janeiro, Zahar, 1988.

37 Cf. Rodrigué, E., "Notes on Symbolism", in: *International Journal of Psychoanalysis*, t. xxxvii, 2-3, 1956, (ampliado e reeditado em: Rodrigué, E. e Rodrigué, G.T., *El contexto del processo analítico*, B.Aires, Paidós, cap.IV.

Afirmar que os símbolos possuem um significado constante corresponde não apenas a afirmar uma relação fixa e constante entre o significante e o significado, como também a aceitar a tese de significados primordiais ou uma ligação arcaica entre o símbolo e o objeto que ele representa. O símbolo funcionaria como sinal do objeto, o equivalente imagético de uma nomenclatura, sendo que o fato do símbolo significar a mesma coisa para diferentes indivíduos da mesma cultura, assim como para indivíduos de culturas diferentes, conduz à idéia de uma língua primeira e natural.

E. Jones: simbolismo e metáfora.

Entre a *concepção ampliada* do símbolo (como é o caso de Cassirer) e a *concepção restrita* (como é o caso de Freud), Jones fica com a segunda. Uma de suas preocupações, no artigo "The Theory of Symbolism", foi a de assinalar a diferença entre as concepções de Freud e de Jung, e a forma de marcar essa diferença foi estabelecendo uma relação entre o simbolismo e a metáfora.[38]

A definição clássica de metáfora, além da mais antiga, é a que nos é fornecida por Aristóteles em sua *Poética*: "A metáfora consiste no transportar para uma coisa o nome de outra, ou do gênero para a espécie, ou da espécie para o gênero, ou da espécie de uma para a espécie de outra, ou por analogia".[39]

A metáfora não se passa propriamente no plano da palavra, mas no plano da frase, e uma de suas características consiste na transposição de predicados de um sujeito lógico para outro em relação ao qual esse

38 Jones, E., "The Theory of Symbolism", in: *Papers on Psycho-Analysis*, Londres, Baillière, 1948.

39 Aristóteles, *Poética*, XXI, 1457 b.

predicado não é compatível como, por exemplo, quando falamos em "o ocaso da vida" para significar a velhice. Enquanto predicação bizarra, a metáfora quebra a consistência da frase instituída pelas significações usuais, mas ao mesmo tempo produz um efeito de sentido que salva sua pertinência semântica.[40]

Jones mantém, no essencial, a concepção aristotélica da metáfora, e sua adesão à tradição aristotélica pode ser assinalada, segundo Safouan,[41] a partir de três pontos básicos.

O primeiro deles é a afirmação de que o pensamento caminha no sentido do mais concreto para o mais abstrato, o que faz com que a comparação constitua a figura mais simples do discurso, precedendo a metáfora. Esse ponto de vista é criticado pelo próprio Safouan (apoiado em Lacan) que, sem recusar a anterioridade do concreto sobre o abstrato, recusa a anterioridade da comparação sobre a metáfora, afirmando que o concreto estaria do lado da metáfora e não da comparação. Inverte assim a tese de Jones, afirmando que a metáfora é que precede logicamente a comparação.

O segundo ponto da concepção de Jones sobre a metáfora, assinalado por Safouan, é o pressuposto de que o que preside à formação da metáfora é o fato de que por ela uma idéia se faz mais facilmente apreendida e compreendida pelo ouvinte. O que suporta este ponto de vista é a idéia de que a metáfora é mais rica do que a descrição atributiva; a metáfora entraria em jogo quando faltassem as palavras "próprias".[42] Também

40 Ricoeur, P., "Narrativité, phénoménologie et herméneutique", in: *L'Univers philosophique*, vol.1, Paris, PUF, 1989, p.66.

41 Cf. Safouan, M., *O inconsciente e seu escriba*, Campinas, Papirus, 1987, cap.4.

42 Safouan, M., op. cit., p.115.

aqui é denunciada a concepção restritiva que Jones apresenta da metáfora. Mais do que suplementar a pobreza da descrição atributiva, como pretende Jones, a metáfora seria o caminho necessário para o surgimento de novos sentidos.

O terceiro ponto da concepção de Jones é sua tese de que há um desgaste da metáfora, na medida em que a imagem tende a adquirir uma realidade objetiva em detrimento do seu sentido figurado. O que está presente nesta tese, disfarçadamente, é a idéia de um primeiro termo ou de um sentido primeiro que estaria sendo perdido ou desgastado. Essa idéia de primeiridade já foi discutida no capítulo 3.

A concepção de Jones sobre o simbolismo pode, por sua vez, ser expressa em linhas gerais pelo que se segue.[43]

Não apenas o símbolo psicanalítico representa um material inconsciente, como também o próprio processo de simbolização se faz inconscientemente, de tal modo que o indivíduo não se dá conta da significação do símbolo que empregou, como tampouco se dá conta de que empregou um símbolo. Isto não quer dizer que o símbolo seja desconhecido por quem o emprega, mas sim que a carga afetiva a ele ligada encontra-se recalcada, embora ele próprio faça parte do universo cultural do indivíduo.

No que se refere ao caráter invariável do símbolo, devemos ter em conta que Jones tinha por objetivo proteger a psicanálise da ameaça representada por Jung. Sendo assim, contra a idéia de símbolos arquetípicos, Jones defende a tese de que um dado símbolo pode ter várias significações, cada uma delas remeten-

43 Continuo me servindo aqui das referências fornecidas por M. Safouan em *O inconsciente e seu escriba*, cap.4.

do a contextos diferentes. Como esses contextos são individuais, a interpretação de um símbolo não pode prescindir das associações do indivíduo.

Isso não quer dizer que os símbolos sejam uma produção individual ou que o indivíduo possa escolher a idéia que será representada por um determinado símbolo, mas sim que dentre os muitos símbolos que se lhe oferecem ele poderá escolher aquele que irá representar tal idéia. O que o indivíduo não pode, segundo Jones, é dar a um símbolo corrente um sentido diferente daquele que possui numa dada cultura.

Mas, diferentemente de Jung, Jones admite que o indivíduo possa criar novos símbolos além daqueles que já estão a sua disposição. Na verdade, não se trata propriamente da criação de novos símbolos pelo indivíduo, mas de uma recriação do simbolismo com o material já disponível. Essa "criação" é muito mais uma subversão das estereotipias do que uma criação *ex nihilo.*

Apesar da crítica dirigida a Jung e seus arquétipos, Jones admite que o símbolo possa ser considerado como um nó de relações lingüísticas; daí a notável ubiqüidade dos mesmos símbolos encontrados em diferentes culturas e em diferentes domínios da vida anímica (sonhos, chiste, loucura, arte, poesia etc.). Para dar conta dessa ubiqüidade, Jones é levado, contrariamente a Freud, a estabelecer uma relação entre a mentalidade primitiva e o inconsciente.[44]

Jones enumera ainda em seu artigo mais algumas características que, na sua opinião, não podem estar ausentes em se tratando do símbolo psicanalítico. São elas: seu caráter de substituto de um conteúdo recalcado, a comunidade de semelhança com o designado, seu

44 Para Freud, nada distingue do ponto de vista intelectual os pensamentos inconscientes dos pensamentos conscientes, daí a censura e o recalque.

caráter condensado em comparação ao designado, o nível mais primitivo do pensamento simbólico, o caráter não manifesto do designado, e o seu caráter espontâneo e automático (tal como no chiste). Estas características devem estar presentes todas simultaneamente.

No entanto, do ponto de vista da crítica a Jung, a característica principal é a relativização que Jones confere à independência do símbolo com relação ao indivíduo. Ele substitui o termo "independência" pelo termo "não dependente apenas de condições individuais".

Se o indivíduo não pode alterar o sentido corrente do símbolo que ele recolhe de seu universo cultural, pode, contudo, escolher dentre esses símbolos aquele que vai representar tal idéia, além de admitir que é possível também ao indivíduo criar símbolos novos (que passarão a ter o mesmo sentido para os demais indivíduos).

O fundamental aqui é que Jones recupera para o domínio do símbolo o procedimento fundamental da psicanálise: a possibilidade de recorrer às cadeias associativas do indivíduo. O verdadeiro símbolo psicanalítico remete sempre ao recalcado. Apenas o recalcado é figurado simbolicamente; afirmação que é considerada como a pedra de toque da teoria psicanalítica do simbolismo.[45]

Articulando agora o que nos diz Jones sobre a metáfora e sobre o símbolo, é possível marcar as semelhanças e as diferenças entre ambos os conceitos. Primeiramente, tanto a metáfora quanto o símbolo nascem da comparação e têm seu fundamento na semelhança.

45 Cf. Lorenzer, A., *Crítica del concepto psicoanalítico de símbolo*, B. Aires, Amorrortu, 1976, p.35.

A diferença está em que enquanto na metáfora a semelhança permanece manifesta, no símbolo ela é levada ao extremo, isto é, até a identidade, e faz desaparecer a relação de substituição, de tal sorte que o indivíduo sequer se dá conta de que está fazendo uso do símbolo. Ao ser absorvido e ocultado pelo símbolo, o significante representado fica na condição de elidido ou recalcado.

Essa aproximação e ao mesmo tempo oposição do símbolo com a metáfora deixa a desejar, mesmo para a época, devido ao modo pelo qual Jones pensa a metáfora.

Pelo que foi visto, o símbolo tanto quanto a metáfora substitui um sentido primeiro (que no caso do símbolo permanece na condição de recalcado). Ora, o que Freud e posteriormente Lacan recusaram foi precisamente a idéia de que o sentido da metáfora (assim como do símbolo) se esgota em seu significante latente. Isto equivaleria a afirmar uma subordinação do significante ao significado ao invés de se ver na metáfora a possibilidade de uma multiplicação de sentidos novos e imprevisíveis.[46]

A análise que Lacan empreende da concepção de Jones sobre o simbolismo é atenuada pelo fato de que a crítica é feita num texto que é também um elogio fúnebre pela morte de Jones.[47] Um dos alvos da crítica de Lacan é a tese de que o simbolismo significa o empobrecimento de uma idéia, seu enfraquecimento ao passar do mais concreto para o mais abstrato num processo de substituição. Apesar de reconhecer que Jones foi um

46 Cf. Safouan, M., op. cit., p.130.

47 Lacan, J., "A la mémoire d'Ernest Jones: Sur sa théorie du symbolisme", in: *Écrits*, Paris, Seuil, 1966, p.697-717.

dos primeiros a perceber que o simbolismo psicanalítico mantém uma relação estreita com a metáfora, Lacan não deixa de assinalar o pouco alcance que Jones imprimiu a esta sua intuição inicial.

Admitir que certas idéias, como as que se referem ao *self* e aos parentes próximos assim como as que dizem respeito ao nascimento, ao amor e à morte, são mais "concretas" ou mais primárias, corresponde a não perceber que o "mais concreto" aqui é a rede de significantes.

A tese de que certas idéias são substitutos empobrecidos de outras mais primárias é uma forma disfarçada de se afirmar a prevalência do significado sobre o significante. É como admitir-se no sonho um primeiro termo derradeiro, significado de toda a série significante.

O que está em causa é a própria noção de primeiridade, isto é, de que todo símbolo e toda metáfora são substituições de um primeiro termo ou de uma idéia primeira que seria seu significado verdadeiro e último. Para Lacan, não há "primeiro termo" na série significante, assim como para Freud não há primeiro termo quando pensamos a memória do sistema ψ; o que se passa na linguagem é que o significado é sempre o efeito de articulações significantes.

Contrariamente ao que supõe Jones, Lacan mostra que o símbolo e o sintoma psicanalítico, mais do que ser uma repetição empobrecida pode representar uma espécie de regeneração do significante.[48] Ao ver o simbolismo como uma representação figurada de uma idéia (que por isso perderia seu poder cognitivo) e ao considerar as idéias como suportes concretos dos símbolos,

48 Ibid.

Jones não pode deixar de considerar negativamente o simbolismo.

A crítica feita por Lacan é retomada por Safouan[49] e por Rosolato.[50]

Embora reconheça o valor da tentativa empreendida por Jones para esclarecer a natureza do simbolismo pela via da metáfora, Safouan é de opinião que ele repete os mesmos erros cometidos por Hans Sachs e Otto Rank, sobretudo no que diz respeito à subordinação do significante ao significado (subordinação que aparece disfarçada pela valorização do "concreto" por oposição ao "figurado"). Tanto o símbolo quanto a metáfora têm, para Jones, valor de conhecimento e o fundamento de ambos é a percepção de uma semelhança. Enquanto a metáfora resulta de uma comparação que permanece transparente para o sujeito, o símbolo resulta da absorção de um termo da comparação pelo outro de tal modo que a própria comparação permanece oculta para o sujeito. O importante, na opinião de Safouan, é que para Jones ambas as operações são consideradas como operações cognitivas. O símbolo ou a metáfora *representam* o significante oculto (na terminologia lacaniana, no caso da metáfora, o significante é *elidido,* no caso do símbolo, é *recalcado*).

Na medida em que Jones permanece vendo o símbolo e a metáfora como *representações* de uma idéia, ele não consegue deixar de confundir o sentido da metáfora com o significante latente, o que corresponde a admitir a anterioridade do significado em relação ao significante. Não há, portanto, significações novas, todo

49 Safouan, M., op. cit., cap.4.

50 Rosolato, G., *Elementos da interpretação,* S. Paulo, Escuta, 1988, "O símbolo como formação".

símbolo e toda metáfora reeditam empobrecidamente velhas significações.[51]

A análise empreendida por Rosolato é mais ampla, não se restringindo a uma crítica do símbolo e da metáfora em Jones. Sua opinião é de que a teoria de Jones é insustentável hoje em dia e que a crítica a ela já foi feita de modo concludente por um número razoável de autores, de Melanie Klein a Jacques Lacan.[52]

Sua análise está mais voltada para dois gêneros de organização da linguagem — que ele denomina *coerência metonímica* e *símbolo metafórico* — onde a metáfora e a metonímia adquirem uma certa independência com relação aos eixos da similaridade e da contigüidade.

A *coerência metonímica* corresponde a "uma linguagem unívoca, técnica, operatória, racional, que caracteriza o *saber*, as relações humanas *pragmáticas*, e o ensino científico".[53] Trata-se de uma linguagem que tem por objetivo responder à exigência de clareza de raciocínio pela coerência demonstrativa e discursiva da cadeia significante. O ideal é que cada termo dessa cadeia seja portador de um significado tão preciso quanto possível. Assim, dos múltiplos sentidos possíveis de um objeto, um apenas é retido (de preferência numa única palavra). O elemento central da coerência metonímica é o *signo* saussuriano com suas faces de *significante* e de *significado*, claramente distinto do *objeto* (referente) e da *representação*.

Uma linguagem regida pela coerência metonímica deve, por princípio, afastar quatro ordens de manifes-

51 Safouan, M., op. cit., p.130.
52 Cf. Rosolato, G., op. cit., p.108.
53 Rosolato, G., op. cit., p.109.

tações:[54] 1) as formações do inconsciente; 2) o sujeito; 3) o afetivo; 4) o livre exercício da metáfora.

Realmente, se o objetivo a ser alcançado é a *coerência metonímica* através da clareza dos enunciados, da univocidade da linguagem e da racionalidade do discurso, então os lapsos, as associações livres, as metáforas, a afetividade e as emergências do sujeito têm que ser exorcizados. Trata-se de uma linguagem que procura manter uma relação de exclusão com o desconhecido, sendo que o próprio inconsciente só se insinua pelas lacunas e pela quebra do sentido produzidas nessa ordem metonímica.

A coerência metonímica poderia, portanto, dar lugar apenas a uma simbólica unívoca, sustentada por correspondências unívocas, do tipo daquelas que sugerem os dicionários de sonhos. Freud caminha na direção contrária, seu método explora exatamente a multiplicidade de sentidos resultante da articulação significante.

O *símbolo metafórico,* ao contrário da coerência metonímica, remete a uma linguagem (metafórica) cuja característica principal é suportar uma variedade indefinida de sentidos para os seus elementos constituintes.

Rosolato aponta quatro características da estrutura da metáfora que tornarão possíveis entendê-la como o suporte do *símbolo* (*metafórico*).[55] São elas: 1) a existência de uma cadeia inconsciente de significantes que duplica a cadeia do enunciado; 2) uma substituição de significantes entre as cadeias; 3) um efeito de não-sentido resultante dessa substituição entre as cadeias; 4) a emergência de novos sentidos irredutíveis à cadeia metonímica. É o efeito de não-sentido o elemento fundamental

54 Rosolato, G., op. cit., p.111.
55 Rosolato, G., op. cit., p.114.

dessa estrutura, pois é ele que coloca em jogo a *relação de desconhecido* que caracteriza a criação do símbolo metafórico. Diferentemente do símbolo fundado na coerência metonímica, cuja característica é a correspondência unívoca, o símbolo metafórico tem seu suporte no significante e não no signo.

É importante relembrar que o termo *significante* não está sendo empregado aqui como sinônimo de significante lingüístico; ele não apenas possui uma extensão maior, abarcando significantes não-lingüísticos, como, à diferença daqueles, representa um sujeito (*para um outro significante,* dirá Lacan). Uma outra diferença fundamental é a articulação desse significante com o corpo, enquanto uma *Vorstellungsrepräsentanz* (representante-representação).

A linguagem metafórica rompe, portanto, com a coerência metonímica ao permitir que a cadeia do enunciado seja invadida pela cadeia significante inconsciente. O efeito dessa invasão é o que denominamos *formações do inconsciente* (lapsos, sonhos, sintomas, chistes).

Se o discurso científico é a expressão mais forte da coerência metonímica, o discurso poético é o lugar cultural por excelência da linguagem metafórica.

Coerência metonímica e linguagem metafórica não são contudo excludentes, mas complementares. A rigor, não há função simbólica sem que estes dois modos de organização da linguagem estejam presentes. O que é importante para o que será desenvolvido a seguir são os modos segundo os quais se organizam os objetos em cada um destes sistemas de linguagem.[56]

56 Continuo aqui tomando como referência o texto de Rosolato acima citado.

No modo de organização da linguagem dominado pela coerência metonímica, o objeto é tomado como *realidade;* sua presença informa o sujeito, sua falta provoca angústia. É pela perda do objeto (ou pela sua ausência evocada, como prefere Rosolato) que se constitui o símbolo.

O momento primeiro dessa experiência é descrito por Freud em *Além do princípio de prazer* com a oposição fonemática *fort/da* de seu netinho. O objeto desempenha, nesse tipo de organização da linguagem, o papel central, funcionando como "princípio de realidade" em relação ao qual as representações psíquicas são apenas "representações simbólicas". A palavra desempenha aqui a função de signo do objeto.

Na organização metafórica, ao contrário, "é o mundo das palavras que cria o mundo das coisas".[57] É a trama dos significantes que confere relevo aos objetos, e isto a tal ponto que a ausência de significantes pode determinar a inexistência de certos objetos (que só adquirem realidade ao serem nomeados pelo outro). Nessa medida, a atividade simbólica é criadora não apenas dos objetos mas também da ordem destes objetos. A linguagem metafórica, com a duplicidade das cadeias dos significantes inconscientes e dos enunciados, cria um mundo ou induz a novas visões que não seriam antecipáveis numa organização metonímica estrita.

Mas se a linguagem metonímica é restritiva em relação à criatividade metafórica, ela é fundamental para sustentar a coerência necessária à linguagem. Se as palavras, graças à cadeia inconsciente, podem sempre significar outra coisa, graças também à organização

57 Lacan, J., "L'Instance de la lettre dans l'inconscient ou la raison depuis Freud", citado por Rosolato, G., op.cit., p.120.

metonímica elas possibilitam a comunicação e o pensamento. Metáfora e metonímia são funções estruturais complementares. Isoladamente, perderiam toda a razão de ser. A psicanálise assume ambas as organizações da linguagem.

7

O Aparelho Psíquico

O capítulo 7 da *Traumdeutung* contém, logo no início, a advertência: *a parte fácil e agradável de nossa viagem ficou para trás.* A razão da advertência reside no fato de Freud pretender, a partir desse ponto, proceder de forma quase que exclusivamente explicativa, sendo que, na sua opinião, *explicar* um processo psíquico significa remetê-lo ao conhecido — e não havia até o momento de sua elaboração teórica nenhum conhecimento psicológico que pudesse funcionar como princípio explicativo do material resultante das análises empreendidas por ele sobre os sonhos.[1] Daí a necessidade de formular novas hipóteses concernentes à estrutura e ao funcionamento do aparelho psíquico.

"O aparelho psíquico não é psíquico".

Um aspecto particularmente embaraçoso da questão é a afirmação reproduzida por mim no capítulo 2, segundo a qual o *aparelho psíquico não é psíquico.* Esta frase foi enunciada, com pequenas variações, por Jacques Lacan e por Jacques Derrida, ambos pretendendo com ela uma fidelidade à proposta freudiana contida no capítulo 7 de *A interpretação do sonho.*

1 *AE*, **5**, p.506; *ESB*, **5**, p.545; *GW*, **2/3**, p.515.

A afirmação é, no mínimo, perturbadora; não apenas pela contradição do enunciado, mas também por contrariar a própria escolha por Freud do termo *psychischer Apparat* para nomear seu modelo teórico.

O que significa, então, a afirmação de que o aparelho psíquico não é psíquico?

Em primeiro lugar, o que está sendo negado é o *caráter psíquico* do aparelho e não o caráter de *aparelho.* Ambos os autores reconhecem portanto que se trata de um aparelho, de algo que possui uma estrutura, com seus limites, suas partes constituintes e seu princípio de funcionamento; o que eles negam é que este aparelho seja "psíquico".

Do ponto de vista estritamente terminológico, o próprio Freud proporciona uma certa confusão, quando emprega alternadamente os termos "aparelho psíquico" (*psychischer Apparat*) e "aparelho anímico" (*seelischer Apparat*). A alternância dos termos é, por si só, expressiva de uma indecisão quanto à adequação do termo "psíquico", sobretudo se levarmos em conta que, a partir da chamada segunda tópica, o termo *psychischer Apparat* cede lugar, quase que completamente, ao termo *seelischer Apparat.*

É curioso que um autor, que desde os primeiros trabalhos afirma sua fé na ciência, prefira o termo "anímico" (*seelisch*), tão contaminado metafisicamente, ao termo "psíquico" (*psychisch*), muito mais ao gosto da ciência da época.

Não nos esqueçamos de que o final do século passado e o início deste século marcam o surgimento da Psicologia como uma ciência experimental em oposição à metafísica da alma.

Privilegiar o termo "alma" seria o indício de uma recusa da cientificidade e um retorno à metafísica? Certamente não era esta a intenção de Freud, mas parece evidente seu propósito de marcar a diferença entre a natureza de sua construção teórica e aquilo que era feito pela psicologia.

Por que, então, o título de seu capítulo 7: "Sobre a psicologia dos processos oníricos" (*Zur Psychologie der Traumvorgänge*)? O termo "psicologia" presente no título induz o leitor a uma abordagem psicológica dos processos oníricos. No entanto Freud nos adverte, em vários dos seus textos, que sua abordagem é *metapsicológica*, portanto, que nos conduz para além da psicologia.

E não se trata aqui de uma simples questão terminológica, mas da afirmação de uma diferença: "Por enquanto não existe nenhum conhecimento psicológico ao qual possamos subordinar aquilo que o exame psicológico dos sonhos nos capacita inferir como seu princípio explicativo."[2]

Fica claro, portanto, que não se trata de recorrer à psicologia no sentido de encontrar o princípio explicativo dos processos oníricos, mas de elaborar uma *metapsicologia* capaz de dar conta, num primeiro momento, dos sonhos, e em seguida, dos processos psíquicos em geral.

O aparelho do qual Freud nos oferece o modelo no capítulo 7 da *Traumdeutung* não é apenas um aparelho de sonhar, mas um aparelho de sonhar, de memorizar, de pensar, de fantasiar, de falar, etc. "Seremos obrigados", continua ele no mesmo parágrafo, "a estabelecer um certo número de hipóteses novas que digam respeito à estrutura do aparato anímico e o jogo de forças que nele opera".

Estrutura e função do aparelho psíquico, é disto que Freud pretende dar conta no capítulo 7, e para isso

2 Ibid.

são necessárias hipóteses novas; as que a psicologia tinha para oferecer eram insuficientes ou inadequadas.

Desde o texto sobre as afasias, Freud vem elaborando um modelo de aparelho psíquico concebido como um aparelho de memória e de linguagem. Entenda-se bem: não se trata de um aparelho cujas faculdades principais sejam a memória e a linguagem, mas de um aparelho que se constitui enquanto aparelho de memória e de linguagem. Não há anterioridade do aparelho em relação à memória e à linguagem, isto é, não há *primeiro* um aparelho e *depois* a memória e a linguagem; é na medida em que se constitui uma memória, que se opera uma diferenciação na trama dos neurônios, distinguindo um sistema ψ de um sistema φ. E aquilo sobre o qual ou com o qual essa memória opera são sistemas de traços (no caso do *Projeto* e da Carta 52) ou o que em *A interpretação do sonho* é concebido como *texto psíquico;* portanto, memória de escritura.

Freud propõe que pensemos o sonho como uma escritura ou um *texto psíquico.* As imagens do sonho não são uma encenação de um texto prévio a elas, mas constituem-se, elas mesmas, como um texto. É bem verdade que esse texto não é feito com palavras e sim com imagens, mas isto não elimina sua natureza de texto. Se as imagens se articulam como uma linguagem e não como um amontoado de sinais, temos todo o direito de concebê-las como uma escritura pictográfica, tal como num filme mudo.

É essa dependência fundamental do aparelho psíquico com relação à linguagem que faz com que Lacan e Derrida, cada um a sua maneira, afirmem que o aparelho psíquico não é psíquico mas *simbólico.* E mais uma vez devo dizer que não se trata de uma questão apenas terminológica.

Afirmar que o aparelho psíquico concebido por Freud é um *aparelho simbólico* significa afirmar que o simbólico é o que funda esse aparelho e não o que resulta do funcionamento do aparelho; significa também que não é o estatuto psicológico das representações o que faz desse aparelho um aparelho, mas sim sua natureza simbólica. Uma *Vorstellung,* muito mais do que uma entidade psicológica, é uma entidade simbólica, ou, se preferirmos, *o psicológico em Freud é simbólico.*

Se o capítulo 6 da *Traumdeutung* forneceu os fundamentos da textura do texto psíquico, o capítulo 7 fornece a estrutura do aparelho psíquico. A idéia de *lugares psíquicos,* que vinha sendo gestada desde o texto sobre as afasias, adquire um acabamento que irá definir o que se denominou de *primeira tópica.*

Os lugares psíquicos.

Em carta a Fliess, datada de 9 de fevereiro de 1898, Freud declara que a única idéia sensata que encontrou na literatura sobre os sonhos é devida a Gustav Fechner quando diz que *o cenário dos sonhos é outro que o da vida de representações da vigília.* E o próprio Freud comenta: "O que nos é apresentado nessas palavras é a idéia de *lugar psíquico*",[3] advertindo em seguida o leitor para não confundir os lugares psíquicos com lugares anatômicos.

É no entanto surpreendente que, após ter escrito o capítulo sobre a elaboração onírica, onde o sonho aparece como um texto psíquico, Freud nos apresente no capítulo 7 uma imagem do aparato anímico como um aparelho ótico: máquina ótica e não máquina de escritura.

3 *AE*, **5**, p.529; *ESB*, **5**, p.572; *GW*, **2/3**, p.541.

A advertência para que não identifiquemos os lugares psíquicos com lugares anatômicos ou com elementos do sistema nervoso leva-nos a localizar as representações em lugares ideais ao invés de as localizarmos em lugares físicos do aparelho, da mesma forma que num aparelho ótico as imagens se formam *entre* as lentes que compõem o aparelho e não sobre seus componentes físicos.

O que primeiro se nos impõe é a distinção entre *sistemas psíquicos* e *lugares psíquicos.* Os *sistemas psíquicos* são os elementos que compõem o aparelho psíquico — no símile ótico, são as lentes que compõem o aparelho —, enquanto que os *lugares psíquicos* correspondem ao vazio entre os sistemas.

Assim, "as representações, os pensamentos e os produtos psíquicos em geral não podem ser localizados dentro dos elementos orgânicos do sistema nervoso, mas, por assim dizer, *entre eles*...".[4] Quanto aos sistemas, eles próprios, Freud faz a surpreendente afirmação de que *não são de modo algum psíquicos* (*Die Systeme aber, die selbst nichts Psychisches sind*).[5] Acompanhemos os passos dados por ele no item B do capítulo 7, que tem por título "A regressão".

O aparato psíquico é concebido como um instrumento formado por um conjunto de elementos denominados *instâncias* ou *sistemas.* Os termos "instância" (*Instanz*), com sua ressonância jurídica, e "sistema" (*System*), com sua conotação marcadamente tópica, não são empregados como rigorosamente sinônimos por Freud. Assim, por exemplo, quando se refere à censura, emprega o termo *instância,* mas quando fala da retenção dos traços ou da percepção, emprega *sistema* mnêmico

4 *AE,* **5**, p.599; *ESB,* **5**, p.649; *GW,* **2/3**, p.616.
5 Ibid.

e *sistema* perceptivo, marcando uma diferença significativa entre ambos. Se quer se referir ao fato de que um elemento do aparelho é passivamente atravessado por uma excitação, emprega o termo *sistema* (sistema perceptivo, por exemplo), mas se quer assinalar a atividade de um elemento deste aparato (a censura, por exemplo), emprega o termo *instância*. Nos textos da primeira tópica predomina, contudo, o termo *sistemas*.

O importante é termos em conta que os sistemas se dispõem numa seqüência, de tal modo que sejam percorridos pela excitação segundo uma determinada série. O fundamental nessa seqüência não é tanto seu caráter *espacial* mas sim sua disposição *temporal*. A espacialidade está a serviço da temporalidade, seu papel é o de garantir a direção do funcionamento do aparelho. Trata-se de uma tópica temporal.

A seqüência dos sistemas que compõem o aparelho confere uma direção ao processo psíquico: da extremidade perceptiva à extremidade motora. Trata-se do modelo do arco reflexo, presente desde o *Projeto*.

O primeiro esquema gráfico que Freud faz do aparelho é o seguinte:

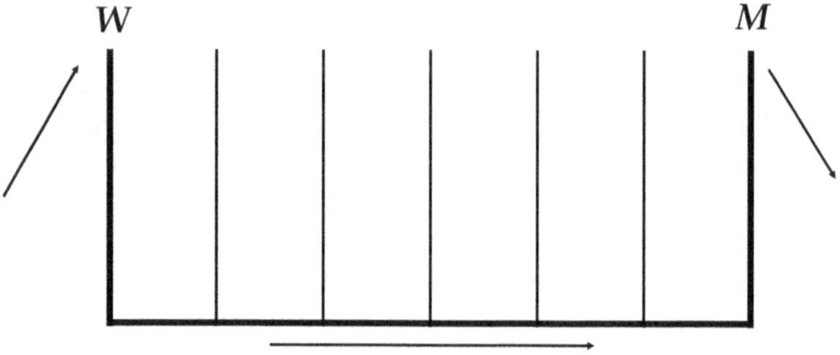

(Fig. 1) *W* = *Wahrnehmung* (percepção); *M* = *Motilität* (motilidade)

Neste esquema Freud destaca apenas as extremidades perceptiva e motora e assinala a direção do processo psíquico. Já vimos porém que o sistema perceptivo caracteriza-se pela permeabilidade, condição para que ele se mantenha livre para a recepção de novos estímulos. É indispensável, portanto, que se faça uma diferenciação na extremidade sensorial de modo a que um outro sistema fique responsável pelo registro das marcas mnêmicas deixadas pelas impressões. Trata-se da distinção entre o sistema perceptivo, que recebe as impressões, e os sistemas mnêmicos, responsáveis pela memória dos traços.

Se todo traço, como já vimos, é traço de uma impressão, quando houver simultaneidade de impressões perceptivas, haverá conexão dos traços. É o que Freud chama de *associação.* Desta forma, um primeiro sistema fixará a associação por simultaneidade, um segundo sistema fixará a associação por semelhança, e assim por diante. Freud assinala que seria inútil tentar especificar o número desses sistemas, isto é, especificar os inúmeros modos pelos quais os elementos atomisticamente fornecidos pelas impressões vão se articular.

É fundamental, porém, entendermos que a associação é uma das formas de relação entre os elementos, e não a única forma, razão pela qual Freud não é um associacionista, embora faça uso da associação. Esta é apenas uma conexão dentre outras. Daí, os vários sistemas mnêmicos.

O esquema anterior modifica-se, então, para o que está na página seguinte.

Os traços mnêmicos são em si inconscientes, embora possam tornar-se conscientes. Enquanto inconscientes, não possuem nenhuma qualidade, posto que esta é uma propriedade do sistema ω (sistema percepção-consciência) e não do sistema ψ. Pode parecer estranha,

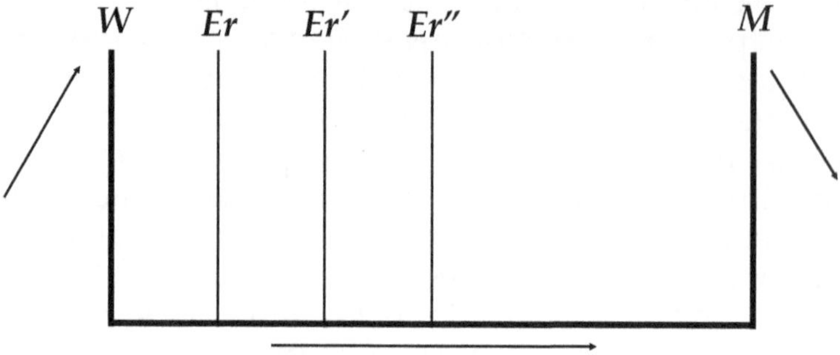

(Fig. 2) *Er* = *Erinnerungsspur* (traço mnêmico); *Er*, *Er′*, *Er″* = diferentes sistemas mnêmicos

neste momento, a referência aos sistemas ψ, φ e ω, designações típicas dos sistemas que compõem o modelo do *Projeto de 1895*, quando estamos tratando do modelo teórico apresentado na *Traumdeutung*. No entanto, é o próprio Freud quem, no capítulo 7, fala da impossibilidade de incluírmos nos sistemas ψ a memória juntamente com qualidade para a consciência. O sistema ψ é fundamentalmente um sistema mnêmico, cabendo ao sistema ω a consciência e a qualidade.

Quanto à presença do *Projeto* no capítulo 7 de *A interpretação do sonho*, creio que pode ser considerada hoje em dia como indiscutível. De qualquer maneira, trata-se de um tema já abordado no volume 1 desta *Introdução à metapsicologia freudiana*.

Mas não é apenas o *Projeto* que produz aqui suas ressonâncias, o capítulo 7 reedita sobretudo a importância concedida à memória no esquema da Carta 52.[6]

6 Ver a este respeito: *IMF* vol.1, p.197 e seg., onde faço uma breve análise da Carta 52.

A Carta começa com uma declaração de Freud de que o aparelho psíquico é fundamentalmente um aparelho de memória. Essa declaração, em si mesma, não se constitui como novidade. A relevância concedida à memória não é uma exclusividade freudiana. O que é novo e sem precedentes é o modo pelo qual Freud concebe a memória. Primeiramente, pelo fato de que para ele a memória não é uma propriedade ou uma faculdade do aparelho psíquico, mas aquilo que funda este aparelho. Não há, primeiro, um aparelho psíquico e, em decorrência do seu funcionamento, uma memória; mas ao contrário, o que é primeiro é a memória e em decorrência dela surge o aparelho psíquico.

É a partir dos investimentos colaterais e da ligação que se constituem as primeiras fixações e a própria distinção entre neurônios retentivos e neurônios não-retentivos, assim como é também a partir destes contra-investimentos que o aparelho psíquico começa a se estruturar.

São essas estruturas de retardo que primeiro vão introduzir diferenças no indiferenciado inicial da trama dos neurônios. A partir daí, cria-se uma "preferência pelo caminho" tomado pela excitação. Esse caminho preferencial foi o que Freud chamou de *Bahnung*, que é um diferencial de facilitação no percurso neuronal.

Se todas as barreiras de contato fossem igualmente facilitadas, não haveria predileção por um percurso em detrimento de outro. Quando afirma que *a memória está constituída pelas diferenças nas facilitações entre os neurônios* ψ, o que ele está dizendo é que o traço mnêmico não pode ser concebido como um elemento simples independente das *Bahnungen*, mas sim em termos de *diferenças* entre caminhos possíveis.

A noção de *diferença* não é aqui uma noção secundária; não se trata de diferenças entre entidades previamente existentes, mas da diferença como princípio de constituição do aparelho psíquico. A implicação imediata desta tese é a concepção da repetição como sendo primeira, ou, se preferirmos, a recusa da noção de primeiridade. E, mais do que isto, na medida em que Freud concebe a diferença como primeira, a psicanálise passa a ser vista como um pensamento da diferença e não um pensamento da identidade.

Ainda com relação à Carta 52, é notável a semelhança entre o esquema nela contido e o que Freud apresenta no capítulo 7. Se sob certos aspectos o esquema da Carta 52 aponta para o modelo do *Projeto de 1895*, a ênfase que ele concede à noção de inscrição (*Niederschrift*) antecipa o fundamental do modelo da *Traumdeutung:* o fato de que nele o traço dá lugar à escritura.

As percepções (*Wahrnemungen*), que em si mesmas não constituem memória, vão dar lugar às primeiras inscrições (*Niederschriften*) que passam a funcionar como signos de percepção (*Wahrnehmungszeichen*). Estes signos de percepção formam o primeiro registro mnêmico, ainda não estruturado como linguagem, mas organizado de acordo com a associação por simultaneidade. O registro seguinte destes signos é o da inconsciência (*Unbewusstsein*), onde eles serão organizados não mais segundo a associação por simultaneidade, mas segundo a associação por causalidade. O terceiro registro é o da pré-consciência (*Vorbewusstsein*) onde essas representações-objeto se ligam às representações-palavra. Este último registro é o único capaz de acesso à consciência.

Apenas para permitir a comparação com o esquema do capítulo 7, reproduzo na página seguinte o esquema da Carta 52.

Voltando ao capítulo 7 da *Traumdeutung,* constatamos que nos dois esquemas iniciais apresentados

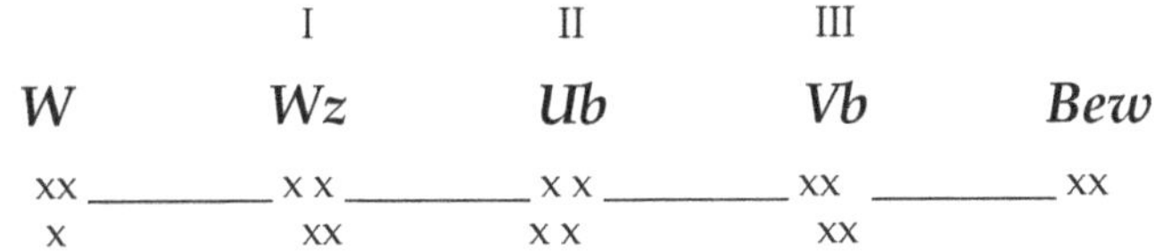

(Fig. 3) *W* = *Wahrnehmung* (percepção);
Wz = *Wahrnehmungszeichen* (signos de percepção);
Ub = *Unbewusstsein* (inconsciência);
Vb = *Vorbewusstsein* (pré-consciência); *Bew* = consciência

por Freud não foi feita nenhuma referência aos sonhos e sua formação no aparato psíquico.

Vimos anteriormente que a explicação do processo de formação do sonho implica a suposição de duas instâncias distintas: a instância criticante e a instância criticada, sendo que a instância criticante interdita o acesso à consciência de conteúdos da instância criticada, estando, por esta razão, mais próxima da consciência do que a instância criticada.

Com a inclusão dessas duas instâncias, os esquemas anteriores transformam-se no seguinte (com a substituição das abreviaturas para o português):

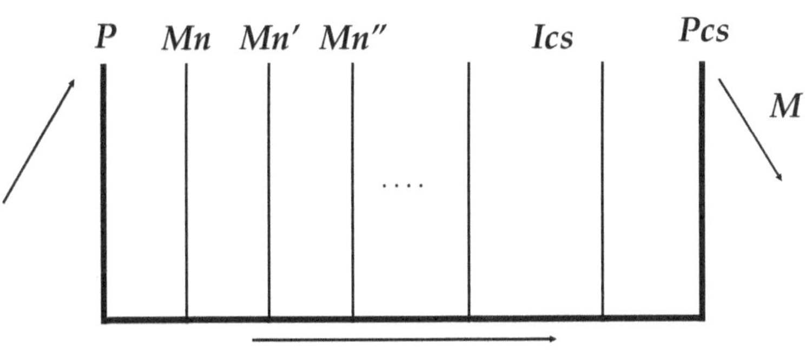

(Fig. 4) *P* = percepção; *Mn* = sistemas mnêmicos; *Ics* = Sistema inconsciente; *Pcs* = sistema pré-consciente; *M* = motilidade

Os parágrafos seguintes a esse esquema são de extrema importância e exigem toda a nossa atenção. Primeiramente porque a partir de então Freud passa a se referir ao inconsciente de forma substantiva — o inconsciente (*das Unbewusst*) — e não de forma meramente adjetiva para designar aquilo que está fora do campo atual da consciência. O original alemão deixa uma certa margem à ambigüidade, uma vez que *das Unbewusst* é um termo neutro, de modo que seu sentido é fornecido pelo contexto.[7] Nos textos anteriores à *Traumdeutung*, permaneceria, por esta razão, uma certa ambigüidade, embora o contexto demonstre sempre um emprego quase exclusivo do termo na sua forma adjetiva ou descritiva. No entanto, a partir do item "A regressão" do capítulo 7, o emprego descritivo do termo *inconsciente* vai se tornando cada vez mais raro, não sendo difícil, quando aparece, distinguir um do outro.[8]

Na extremidade motora do esquema, Freud localiza o *sistema pré-consciente*, assinalando com isto o acesso direto à consciência desde que sejam satisfeitas certas condições (que o processo, por exemplo, alcance certa intensidade em decorrência da atenção). O pré-consciente é, ainda, o sistema que conduz à atividade voluntária.

O *sistema inconsciente* fica localizado logo atrás do pré-consciente sendo que, apenas através deste último, tem acesso à consciência, e mesmo assim após ter-se submetido à sintaxe do pré-consciente.

7 Cf. nota do tradutor da *AE*, **5**, p.534-5.

8 No artigo "O inconsciente", de 1915, Freud vale-se do artifício gráfico de designar o inconsciente, em seu sentido sistemático, pela abreviatura Ics (*Ub*) e "inconsciente", escrito por extenso, quando seu emprego for adjetivo.

O esquema linear proposto por Freud apresenta alguns inconvenientes, sendo um deles o fato de percepção e consciência estarem situados em extremos opostos. Numa nota de rodapé acrescentada em 1919, Freud esclarece que "a ulterior ampliação deste esquema linear deverá supor que o sistema seguinte ao Pcs é aquele ao qual temos que atribuir a consciência, quer dizer, que P = Cs".[9]

A nota não é tão esclarecedora quanto pretendia seu autor, já que implica em situarmos o sistema Cs nos dois extremos do aparelho. A solução seria imaginarmos um esquema circular, ao invés do linear proposto por Freud. Neste caso, P e M figurariam como região fronteiriça entre a exterioridade e o interior do aparelho. No entanto, perderíamos o fundamental do esquema original: o fato de sua linearidade permitir figurar com clareza o sentido progressivo-regressivo dos processos psíquicos. Não podemos nos esquecer que Freud introduz seu esquema exatamente no item que tem por título "A regressão", sendo este o conceito que pretende introduzir juntamente com o esquema do aparelho psíquico.

O que é difícil de entender no esquema freudiano é como algo que nos é apresentado desde o *Projeto* como constituindo uma unidade — o sistema percepção/consciência — encontra-se agora topicamente separado nos dois extremos do aparelho: o sistema perceptivo no extremo sensorial e o sistema consciência no extremo motor.

A nota de Freud dizendo que o sistema seguinte ao Pcs é o Cs e que portanto P = Cs não resolve o problema, e nos obrigaria à seguinte notação:

9 *AE*, **5**, p.535; *ESB*, **5**, p.577; *GW*, **2/3**, p.546.

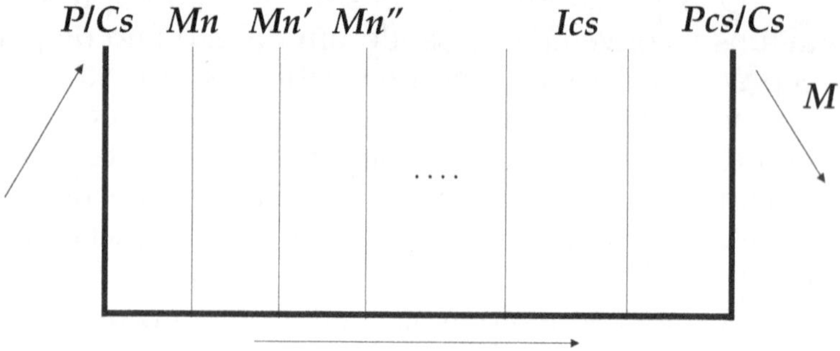

(Fig. 5)

onde *P/Cs* designa o *sistema percepção/consciência* e *Pcs/Cs* o *sistema pré-consciente/consciente,* ficando o sistema Cs nos dois extremos do esquema.

Nos esquemas de aparelho psíquico de *O eu e o isso* (1923) e das *Novas conferências introdutórias* (1932), percepção e consciência constituem um mesmo sistema, assim como no *Projeto de 1895* Freud se refere ao sistema da *Wahrnehmung-Bewusstsein,* sistema percepção-consciência, como constituindo uma unidade à parte do sistema ψ.

É nos esquemas da Carta 52 e do capítulo 7 de *A interpretação do sonho* que a questão acima se coloca. Neles, Freud deixa claro que os processos psíquicos caminham do inconsciente para o pré-consciente e deste para a consciência, o que o obriga a situar o Cs imediatamente antes da saída motora. Como a percepção, nestes esquemas, se produz antes do inconsciente, na parte do aparelho que recebe os estímulos provenientes do mundo exterior, isto é, na extremidade sensorial, resulta que percepção e consciência ficam separadas e situadas nas extremidades opostas do aparelho.

O resultado mais notável deste modo de representação topográfica do aparelho psíquico é a noção de *regressão*.

O paradoxo da regressão.

Em qual dos sistemas, pergunta Freud, devemos situar o impulso à formação do sonho? A bem da simplicidade, responde ele, no sistema Ics.[10] Embora elementos pertencentes ao sistema Pcs participem da formação do sonho, é no Ics que se situa o desejo, força impulsora e ponto de partida para a formação do sonho; e, como todos os desejos inconscientes, ele esforça-se por encontrar uma expressão consciente.

Se durante a vigília esse percurso que vai do Ics ao Pcs é barrado pela resistência imposta pela censura, durante o sono o acesso à consciência torna-se possível. A idéia segundo a qual isso é possível esbarra num obstáculo: se realmente a censura diminuísse ou desaparecesse durante o sono, os conteúdos oníricos não possuiriam a qualidade alucinatória que apresentam, mas teriam características semelhantes aos nossos pensamentos da vigília, já que passariam do Ics para o Pcs e daí para o Cs, cumprindo o sentido progressivo assinalado por Freud para o funcionamento do aparato.

A maneira que Freud encontra para explicar o caráter alucinatório do sonho é dizendo que nele a excitação se movimenta *para trás*, isto é, ao invés de fazer o percurso progressivo da extremidade sensorial para a extremidade motora, caminha no sentido inverso.

Isto ocorreria porque durante o sono o acesso à motilidade encontra-se barrado e, não podendo encon-

10 *AE*, **5**, p.535; *ESB*, **5**, p.578; *GW*, **2/3**, p.546.

trar uma via de escoamento motora, a excitação toma um caminho de refluxo (*rückläufig*) retornando no sentido contrário ao da motilidade e atingindo finalmente o sistema perceptivo, produzindo uma alucinação. A esse percurso invertido, Freud denomina *regressão.*

Apesar do sucesso que a noção de regressão obteve tanto nos meios psicanalíticos como dentre os psicólogos, é uma noção difícil de ser explicada (e até mesmo sustentada) teoricamente. Trata-se mais de uma noção descritiva do que de um conceito explicativo. O próprio Freud, ao procurar esclarecer a noção, emprega termos tais como "refluxo" (*Rückläufig, Rückfluten,* ou ainda, *Rückströmung*), "caminho para trás" (*Rückschreiten, Rückgreifen* ou *Rückversetzung*), "retrogressão" (*Zurückgreifen*), além, é claro, do próprio termo "regressão" (*Regression*). O sentido geral descritivo é sempre o mesmo, o de uma volta atrás; o complicado é explicar como uma excitação pode fazer o percurso inverso ao sensoriomotor e "caminhar para trás". Como um circuito neurônico, que se dá apenas num sentido, pode operar no sentido reverso?

A primeira coisa que devemos fazer para possibilitar à noção de regressão um mínimo de inteligibilidade é mantermos razoavelmente separados os esquemas do *Projeto de 1895* e da *Traumdeutung*. Embora eu tenha assinalado algumas semelhanças entre os modelos de 1895 e o de 1900, tratam-se de modelos teóricos distintos que não se superpõem, e que tampouco estão numa relação de complementaridade. Sem dúvida encontramos pontos comuns entre eles, e não poderia ser de outra forma, já que pretendem responder a uma mesma problemática, mas as diferenças são igualmente grandes, sobretudo quando está em questão a noção de regressão.

O aparelho do *Projeto* é um aparelho material, enquanto que o aparelho do capítulo 7 é declaradamente um aparelho psíquico. O *Projeto* começa afirmando suas duas idéias reitoras: a suposição dos *neurônios* entendidos como partículas *materiais* e de uma *quantidade* submetida às leis do movimento. Isto não contraria em nada a afirmação anterior de que se trata de um modelo teórico hipotético, essencialmente explicativo, ou mesmo de que o *Projeto* é uma ficção teórica; o decisivo para o que estamos discutindo é que este modelo teórico tem como referentes o neurônio (concebido como partícula material), o sistema nervoso, órgãos receptores, músculos, glândulas etc.

O aparelho psíquico de *A interpretação do sonho* não faz referência a neurônios ou a quaisquer outras entidades materiais, seus referentes são idéias, representações, pensamentos, desejos, sonhos, linguagem. À materialidade do aparelho de 1895, contrapõe-se a imaterialidade do aparelho do capítulo 7. Isto não significa que esse aparelho prescinda de um suporte material, que o aparato neuronal possa ser desprezado, mas sim que, do ponto de vista teórico-explicativo, passamos de um modelo mecânico (ou, na melhor das hipóteses, termodinâmico) para um modelo lógico.

O que importa no modelo de *A interpretação do sonho* não é a localização espacial dos sistemas, mas a estrutura topológica do aparelho, isto é, a posição relativa que os sistemas ocupam uns em relação aos outros. Mas, acima de tudo, trata-se de uma *tópica temporal.* O que Freud propõe é que se pense uma ordem de sucessão temporal para os processos psíquicos, de tal modo que a excitação faça o percurso que vai da extremidade perceptiva para a extremidade motora, passando pelos sistemas mnêmicos, pelo Ics, pelo Pcs até atingir o Cs;

se o percurso for regressivo, a mesma ordem terá que ser obedecida, só que em sentido inverso.

A noção de regressão está intimamente ligada ao modo pelo qual Freud concebe o esquema do aparelho psíquico. "Creio", diz ele, "que o termo *regressão* nos serve na medida em que liga um fato que já era por nós conhecido ao esquema do aparato anímico dotado de uma direção".[11] O "já conhecido" é o fato de que no sonho a representação reassume a forma de imagem sensorial que foi a sua origem; mas isso não explica nada, apenas descreve a forma segundo a qual se apresenta o conteúdo manifesto. Como ele mesmo confessa, "nos limitamos a dar um nome a um fenômeno para o qual não temos explicação".[12]

A partir do esquema, Freud tenta estabelecer alguma inteligibilidade para o caráter desconexo e sem sentido do sonho manifesto. Segundo o esquema, as relações lógicas entre as representações, assim como a articulação das representações-objeto com as representações-palavra, estão contidas não nos primeiros sistemas (*Mn*), mas nos sistemas situados mais adiante (*Pcs/Cs*). Na regressão, quando a excitação percorre o sentido contrário ao progressivo, o processo psíquico fica despojado desses nexos lógicos e das formas mais elaboradas de expressão, reduzindo-se às imagens perceptivas. "Na regressão, a contextura dos pensamentos oníricos é reduzida à sua matéria-prima",[13] isto é, fica reduzida às imagens sensoriais que lhe deram origem.

Num seminário que recebeu o sugestivo título de "Os embaraços da regressão",[14] Lacan comenta que

11 *AE*, **5**, p.537; *ESB*, **5**, p.579; *GW*, **2/3**, p.548.
12 Ibid.
13 *AE*, **5**, p.537; *ESB*, **5**, p.580; *GW*, **2/3**, p.549.
14 Lacan, J., *O seminário*, Livro 2, Rio de Janeiro, Zahar, 1985, p.183.

Freud foi coagido pelo próprio esquema a introduzir a noção de regressão, e que a fonte das dificuldades não é a regressão propriamente dita, mas o fato de nesse esquema a percepção ser concebida como algo de primário, não composto, elementar.

Freud não é um gestaltista; a percepção não capta estruturas, algo já organizado, mas sim elementos sensoriais dispersos que serão posteriormente organizados. Como o aparelho recebe impressões elementares, atomísticas, ao invés de receber *Gestalten*, formas, e como os traços mnêmicos são traços de impressões, os primeiros sistemas são constituídos apenas por imagens elementares, exatamente as que serão reativadas quando do funcionamento regressivo do aparelho.

A questão que surge a partir daí é como assimilar os fenômenos da consciência a esses fenômenos elementares da percepção.

No texto sobre as afasias Freud salienta o fato de que a representação-objeto não adquire unidade e significação senão pela sua ligação à representação-palavra; aquilo que chega ao aparato através da percepção são impressões sensíveis que vão dar lugar, primeiramente, às "associações de objeto" e não às representações-objeto. As associações de objeto são formadas por dados elementares que não possuem, em si mesmos, organização alguma.

É verdade que nesse texto de 1891 Freud ainda não trabalha com o inconsciente entendido como um sistema, e que aquilo que ele nos diz a respeito da articulação da representação-objeto com a representação-palavra está referido apenas ao que mais tarde será considerado como formando o Pcs/Cs. Em *Afasias*, portanto, é somente a partir da linguagem que podemos falar em organização psíquica; não há ordem fora da linguagem, ou, se alguma organização se dá anteriormente a essa articulação é apenas aquela decorrente das associações por contigüidade nos sistemas mnêmicos.

No *Projeto,* Freud junta percepção e consciência num mesmo sistema, o sistema ω, e faz do eu o aparelho regulador capaz de operar a distinção entre as alucinações do sistema ψ e as percepções fornecidas pelo sistema ω. O interessante aqui é que alucinação e percepção são atribuídas a sistemas diferentes: o sistema ω percebe e o sistema ψ alucina. Daí a necessidade de ω fornecer a ψ signos de realidade para que o ego em ψ possa operar a distinção entre representação-percepção e representação-lembrança.

Tomando a percepção como referência, podemos dizer que o esquema do capítulo 7 da *Traumdeutung* está mais próximo do esquema de *Afasias* do que do esquema do *Projeto de 1895.* Nos dois primeiros, a percepção é concebida como formada a partir de dados elementares, enquanto que no *Projeto* é situada no mesmo sistema que a consciência. E é exatamente a concepção elementarista da percepção que obriga Freud a situá-la no extremo oposto da consciência.

Não podemos perder de vista o fato de que a noção de regressão é introduzida por Freud num contexto em que a censura que opera entre os sistemas psíquicos é uma referência fundamental, e que ela, a regressão, onde quer que apareça, é um efeito da resistência à entrada de determinados pensamentos na consciência, assim como da simultânea atração exercida sobre eles por traços mnêmicos que subsistem "com vivacidade sensorial".[15]

Num parágrafo acrescentado em 1914 ao texto da *Traumdeutung,* Freud distingue três tipos de regressão:

15 *AE,* **5**, p.541; *ESB,* **5**, p.584; *GW,* **2/3**, p.553.

a *tópica*, a *temporal* e a *formal*. A regressão *tópica* foi a que descrevemos até o momento: diz respeito ao fato de que em alguns casos os processos psíquicos caminham não no sentido da descarga, mas no sentido de reativar os sistemas de traços que constituem o Ics. A regressão *temporal* refere-se à retrogressão a formações psíquicas mais antigas. É nessa medida que Freud afirma que o sonho pode ser concebido como o substituto da cena infantil. Finalmente, a regressão *formal* descreve o que acontece quando os modos de expressão habituais são substituídos por modos de expressão mais primitivos e menos elaborados.

O próprio Freud, porém, salienta que no fundo os três tipos de regressão reduzem-se a um só, posto que o mais antigo no tempo é também o mais primitivo do ponto de vista formal e o mais próximo topicamente da extremidade perceptiva. "O sonhar em seu conjunto", escreve ele, "é uma regressão à condição mais primitiva do sonhador, uma reanimação de sua infância, das moções pulsionais que o governaram e dos modos de expressão de que dispunha".[16] Mas para além dessa infância individual, a regressão aponta também para a infância da humanidade, para essa infância filogenética da qual, segundo Freud, o indivíduo é uma repetição abreviada.

16 *AE*, **5**, p.542; *ESB*, **5**, p.585; *GW*, **2/3**, p.554.

8

O Desejo

Habituamo-nos de tal maneira à tese de que os sonhos são realizações de desejos que corremos o risco de deixar na penumbra a questão: será o sonho *apenas* uma realização de desejos? "Se durante o dia nosso pensamento cria atos psíquicos tão variados — juízos, raciocínios, refutações, expectativas, desígnios etc. — por que estaria obrigado durante a noite a restringir-se com exclusividade à produção de desejos?".[1] Embora a pergunta nos remeta às demais potências do sonho, o desejo que nele se realiza permanece, contudo, o centro das indagações freudianas.

O desejo formador do sonho.

No capítulo anterior tomamos conhecimento da disposição dos lugares psíquicos. Podemos agora perguntar sobre a proveniência dos desejos que se realizam nos sonhos.

Qual dos lugares psíquicos pode ser apontado como o lugar de origem dos desejos formadores do sonho? Freud aponta três possibilidades:[2]

1. O desejo pode ter sido despertado durante o dia e por motivos puramente exteriores não ter sido satisfeito; esse desejo admitido mas não satisfeito tem sua

1 *AE*, **5**, p.543; *ESB*, **5**, p.586; *GW*, **2/3**, p.555.

2 *AE*, **5**, p.544; *ESB*, **5**, p.587; *GW*, **2/3**, p.556.

tramitação adiada para a noite. Trata-se, neste caso, de um desejo proveniente do Pcs.
2. Ele pode ter sido despertado durante o dia mas em razão de um repúdio ter sido reprimido (*unterdrückter*). O mecanismo presente neste caso (*Unterdrückung*) não se confunde com o do recalcamento (*Verdrängung*). Neste último, tanto a instância recalcadora quanto o recalcado pertencem ao Ics, enquanto que a *Unterdrücküng* (que é traduzida às vezes por "supressão") é um mecanismo do Pcs/Cs que consiste em excluir da consciência atual um determinado conteúdo (sem que este passe a pertencer ao Ics recalcado).[3]
3. Pode ser um desejo que não possua nenhuma relação com a vida diurna atual e que se torna ativo apenas durante o sono. Neste caso, sua proveniência é o Ics, mais especificamente, o Ics recalcado.
A estas três fontes, Freud acrescenta uma quarta, que são as moções de desejo que surgem durante a noite, estimuladas, por exemplo, pela sede ou pelas necessidades sexuais.

Não é qualquer desejo, porém, que tem o poder de produzir um sonho numa pessoa adulta. Um desejo diurno que permaneceu insatisfeito pode, quando muito, contribuir para o induzimento de um sonho, mas será incapaz, ele apenas, de produzir um sonho.

Para que um desejo Pcs/Cs possa induzir um sonho, é necessário que ele receba um reforço proveniente de um outro lugar, e este lugar é o inconsciente. "O desejo consciente só se torna excitador de um sonho se consegue despertar outro desejo paralelo, inconsciente, através do qual se reforça".[4]

3 Cf. Laplanche, J., e Pontalis, J.-B., *Vocabulaire de la Psychanalyse*, Paris, PUF, 1968, p.419.

4 *AE*, **5**, p.545; *ESB*, **5**, p.589; *GW*, **2/3**, p.558.

Os desejos provenientes do Ics encontram-se em permanente disposição para uma expressão consciente e isso pode ocorrer quando surgir a oportunidade de fazerem uma aliança com um impulso do Cs e transferir para ele sua intensidade.

Esses desejos, em estado de alerta permanente, são os desejos recalcados, únicos capazes de produzir um sonho (apesar da aliança que fazem com os desejos do Pcs/Cs). São desejos infantis que permanecem em estado de recalcamento e que, enquanto tais, são indestrutíveis. Essa indestrutibilidade, assinala Freud, é uma característica de todo o psíquico verdadeiramente inconsciente, isto é, pertencente com exclusividade ao sistema Ics. São *Bahnungen* antigas "que nunca ficam desertas" e que conduzem à descarga sempre que reinvestidas.[5]

A indestrutibilidade do desejo inconsciente não significa a imutabilidade dos caminhos facilitadores (*Bahnungen*). O desejo é indestrutível porque jamais poderá ser plenamente satisfeito, e jamais poderá ser plenamente satisfeito porque não há um objeto específico que o satisfaça; sua satisfação será sempre parcial, o que implica o seu infindável retorno.

O importante é não nos esquecermos que esse retorno não é o retorno do "mesmo", não é a repetição continuada de algo que se apresenta sempre como idêntico a si mesmo, mas, se o termo *eterno retorno* nos agrada, é fundamental termos em mente que se trata de um eterno retorno da diferença.

Embora eu já tenha abordado essa questão no capítulo 3, não creio que seja demais relembrar que para Freud a memória é sempre memória das diferenças entre as *Bahnungen*, portanto, uma memória de diferenças e não uma memória de identidades. Essas antigas

5 *AE*, **5**, p.546 n; *ESB*, **5**, p.589 n; *GW*, **2/3**, p.558 n.

trilhagens (*Bahnungen*) podem ser indestrutíveis mas não são imutáveis. O que podemos conceber como imutáveis, além de indestrutíveis, são os *traços*. Os *sistemas* de traços que vão formar o inconsciente estão sujeitos a transformações.

Se os desejos produtores dos sonhos são, em última análise, desejos inconscientes (pertencentes ao sistema Ics), isto não quer dizer que os desejos do Pcs/Cs não participem da formação dos sonhos. Seu papel é secundário, mas nem por isso sem importância. Os desejos Pcs/Cs não apenas funcionam como incitadores do sonho, como possibilitam ainda aos desejos Ics uma solução de compromisso, tal como acontece com as demais formações do Ics.

Os restos diurnos.

Comecei este capítulo com a pergunta: seriam os sonhos *apenas* realizações de desejos? Sabemos, por experiência própria, por exemplo, quantas vezes problemas não resolvidos durante o dia encontram sua solução durante o sonho. Quais serão, então, as outras atividades psíquicas induzidoras do sonho?

A precondição ideal para o dormir poderia ser a suspensão provisória dos investimentos do pensamento de vigília. Embora isto aconteça em parte, raramente ou nunca acontece de forma completa. Problemas não resolvidos, preocupações intensas, excesso de impressões, podem fazer com que a atividade de pensamento prossiga durante o sono e se mantenha num nível pré-consciente, de tal modo que passem a integrar a atividade onírica.

Esses restos diurnos podem ser de diferentes tipos: tarefas não concluídas, problemas não resolvidos, pensamentos rejeitados ou suprimidos, impressões diurnas indiferentes, e que por serem indiferentes não foram tratadas, e, finalmente, aquilo que do Ics foi colocado em ação pela atividade pré-consciente diurna.

Os restos diurnos pré-conscientes penetram no sonho com extraordinária freqüência, aproveitando-se do seu conteúdo para conseguir acesso à consciência durante a noite. São eles que, conseguindo dominar o conteúdo do sonho, forçam-no a dar prosseguimento ao trabalho diurno.[6] O fato de se tratarem de pensamentos pré-conscientes não os torna imunes às transformações operadas pelo trabalho do sonho. Os restos diurnos, tanto quanto os pensamentos oníricos latentes, são submetidos à elaboração onírica, além de se beneficiarem, como já vimos, da forma de expressão simbólica.

Quanto à relação entre os restos diurnos e o desejo inconsciente, já vimos que os primeiros só são capazes de suscitar um sonho se conseguirem despertar um desejo inconsciente que os reforce. Os restos diurnos, sejam eles desejos Pcs/Cs ou pensamentos não desejantes, precisam do reforço das pulsões para funcionarem como indutores do sonho. Freud expressa essa relação com a metáfora do capitalista e do empresário, o primeiro fornecendo o capital (o Ics) e o segundo fornecendo os meios de realização (o Pcs/Cs).

Os sonhos penosos.

Se em última instância todo sonho é uma realização de desejo, como explicar a existência de sonhos desagradáveis, sonhos que provocam angústia e que podem levar ao despertar por serem intoleráveis para o sonhador? Como, enfim, justificar um pesadelo?

Primeiramente, temos que levar em consideração o fato de que Freud não elabora sua teoria sobre os

6 *AE*, **5**, p.548; *ESB*, **5**, p.591; *GW*, **2/3**, p.561.

sonhos apoiado na consideração do conteúdo manifesto e sim na consideração dos pensamentos latentes inconscientes. E no caso dos sonhos penosos, o caráter desagradável recai sobre o conteúdo manifesto.

Em segundo lugar, temos que considerar também que o trabalho do sonho nem sempre obtém sucesso no seu empreendimento de realizar desejos inconscientes. Pode ocorrer que parte do afeto ligado aos pensamentos oníricos latentes fique excedente no sonho manifesto, provocando o sentimento de desagrado.

Em relação aos afetos, Freud chama ainda a atenção para o fato de que é muito mais difícil o trabalho do sonho alterar o sentido dos afetos que o dos conteúdos do sonho. Diferentemente dos pensamentos oníricos aflitivos, que são facilmente transformáveis pela elaboração onírica, os afetos são altamente resistentes a qualquer transformação, podendo permanecer inalterados no sonho manifesto.[7]

Há, no entanto, um outro aspecto da questão que freqüentemente não é levado em conta e que é da maior importância. Quando afirmamos que todo sonho é uma realização de desejos e que a realização de um desejo deve provocar prazer, não fica esclarecido o seguinte: a quem o sonho deve proporcionar prazer?

A resposta que primeiro nos ocorre é: ao sonhador, é claro. Ocorre, porém, que é o mesmo sonhador que deseja, repudia e censura seus desejos. A qual sujeito o sonho deve agradar? Ao que deseja ou ao que censura?

Se tomamos como referência a divisão do aparelho psíquico em instâncias ou sistemas psíquicos, podemos dizer que os sonhos penosos contêm algo de penoso para a segunda instância (Pcs/Cs), mas que ao mesmo tempo realizam um desejo da primeira instância (Ics).

7 *AE*, **15**, p.196-197; *ESB*, **15**, p.275; *GW*, **11**, p.220.

Todo sonho tem sua produção iniciada na primeira instância; a segunda funciona de um modo apenas defensivo, não criativo.[8]

Os sonhos penosos são, portanto, também sonhos de desejo. Seu caráter desagradável vem do fato de que seu conteúdo escapou em parte à ação deformadora imposta pela censura, deixando aflorar um desejo inconsciente que, por ser inaceitável pelo eu do sonhador, produziu ansiedade.

Um outro tipo de sonho desprazeroso são os sonhos de punição. Apesar de desagradáveis, correspondem também à realização de desejos: o desejo do sonhador de se punir por ter um desejo proibido. Aqui fica ainda mais claro o papel de cada instância psíquica, posto que a punição é também a realização de um desejo: o desejo do outro, do que censura.[9]

O conceito de supereu (*Über-Ich*) fará seu aparecimento nos textos freudianos apenas um quarto de século mais tarde; no entanto, a análise dos sonhos de punição, feita por Freud na *Traumdeutung*, propiciará uma correção do que até então ele dissera sobre a censura existente entre as instâncias psíquicas, que pode ser vista como uma espécie de antecipação do conceito de supereu.

Trata-se de uma pequena modificação que ele introduz no texto da *Traumdeutung* mas que tem conseqüências para todo o resto da obra. Os sonhos de punição, diz ele, realizam também um desejo inconsciente, mas esse desejo não deve ser imputado ao recalcado, mas ao eu. E acrescenta: "O mecanismo da formação do sonho torna-se em geral mais transparente se a oposição entre *consciente* e *inconsciente* é substituída

8 *AE*, **5**, p. 164; *ESB*, **5**, p.155; *GW*, **2/3**, p.151.
9 *AE*, **15**, p.201; *ESB*, **15**, p.262; *GW*, p.225.

pela oposição entre *eu* e *recalcado*".[10] O que é introduzido aqui é o eu como instância recalcadora inconsciente. Em *O eu e o isso* (1923), Freud chamará a instância que exerce esse policiamento do desejo de "supereu" (*Über-Ich*).

A experiência de satisfação e o desejo.

Pelo que vimos até aqui, fica evidente que no centro da teoria e da prática psicanalíticas está situado o desejo.

Se hoje em dia, após décadas de seminários dirigidos por Lacan, essa é uma verdade que faz parte do arsenal teórico de qualquer psicanalista, nos começos da psicanálise ela precisava não apenas ser justificada como precisava ser esclarecida em seus termos.

O que primeiro exige um esclarecimento é o próprio termo empregado por Freud: *Wunsch*, algumas vezes substituído por *Begierde* ou ainda por *Lust*. Mesmo em alemão esses termos estão longe de terem o mesmo significado. Laplanche e Pontalis notam que o termo *désir* em francês (assim como *desejo*, em português) não possui o mesmo valor de emprego que o termo alemão *Wunsch*.[11] Enquanto *Wunsch* está mais próximo de "aspiração", o termo *desejo* (assim como o *désir* francês) faz sinal para um movimento de concupiscência ou de cobiça, mais próximo do alemão *Begierde* ou ainda *Lust*.

Mas é o termo *Wunsch* que Freud emprega no item do capítulo 7 que tem por título *Zur Wunscherfüllung* (Sobre a realização de desejo) e mais especificamente quando aborda a questão da experiência da vivência de satisfação.

10 *AE*, **5**, p.550; *ESB*, **5**, p.594; *GW*, **2/3**, p.563.
11 Laplanche, J., e Pontalis, J.-B., op. cit., p.120.

A noção de vivência de satisfação (*Befriedigungserlebnis*) aparece pela primeira vez no texto do *Projeto de 1895* a respeito da eliminação da Q resultante dos estímulos internos. A noção está ligada ao *estado de desamparo* original do ser humano. Ao contrário da maioria dos animais, o ser humano possui uma vida intra-uterina de duração reduzida, o que tem como conseqüência um despreparo para a vida logo ao nascer. Sua fragilidade perante as ameaças decorrentes do mundo externo, assim como sua incapacidade para eliminar as tensões decorrentes dos estímulos internos, o coloca numa total dependência do outro responsável pelos seus cuidados.

Na linguagem do *Projeto*, a Qη armazenada no núcleo de ψ manifestará, em função do princípio de inércia neurônica, a mesma tendência à descarga motora que os demais neurônios.[12] O objetivo da descarga é o alívio da tensão em ψ. No entanto, esse objeto só pode ser alcançado se for eliminado o estado de estimulação na fonte. Não basta, porém, que ocorra uma simples descarga motora (choro, por exemplo), já que ela não alivia a tensão em ψ porque o estímulo endógeno persiste atuando. A estimulação endógena está ligada às necessidades corporais, ao *Not des Lebens* (estado de urgência da vida), e essa urgência não é atendida com a simples descarga motora.

Quando um recém-nascido premido pela fome chora e agita os braços e as pernas, essas respostas motoras são ineficazes para a eliminação do estado de estimulação na fonte corporal. O alívio da tensão em ψ só pode ser obtido através da *ação específica*, capaz de

12 Para uma análise mais detalhada da *Befriedigungserlebnis*, ver o volume 1 desta *Introdução à metapsicologia freudiana*, p.128-34, que reproduzo aqui parcialmente.

eliminar o estado de estimulação na fonte. Mas é exatamente isto que o recém-nascido não é capaz de fazer sem o auxílio de outra pessoa que fornece o alimento (no caso da fome), suprimindo assim a tensão. É a eliminação da tensão decorrente dos estímulos internos que dá lugar ao que Freud denomina *vivência de satisfação.*

A partir dessa vivência primária de satisfação, estabelece-se uma facilitação (*Bahnung*), de tal modo que ao se repetir o estado de necessidade, surgirá um impulso psíquico que procurará reinvestir a imagem mnêmica do objeto, com a finalidade de reproduzir a satisfação original. A vivência de satisfação gera uma facilitação entre duas imagens-lembrança (a do objeto de satisfação e a da descarga pela ação específica). Com o reaparecimento do impulso (*Drang*) ou do estado de desejo (*Wunschzustand*), o investimento passa para as duas imagens-lembrança, reativando-as.

O que ocorre é em tudo semelhante à percepção original, só que, o objeto real não estando presente, o que ocorre é uma alucinação com o conseqüente desapontamento, já que na ausência do objeto real não pode haver satisfação.

Essa descrição da vivência de satisfação é retomada por Freud, com ligeiras modificações, no capítulo 7 da *Traumdeutung*, sendo que nesse texto ele é mais incisivo quanto à definição de desejo. A partir da experiência de vivência de satisfação, estabelece-se uma ligação entre a imagem do objeto que proporcionou a satisfação e a imagem do movimento que permitiu a descarga. Com a repetição do estado de necessidade, surge imediatamente um impulso psíquico que procurará reinvestir a imagem-lembrança da percepção do objeto, reproduzindo a situação de satisfação original:

> *Um impulso dessa índole é o que chamamos desejo* [*Wunsch*]*;* o reaparecimento da percepção é a realização de desejo, e o caminho mais curto a essa realização é o que conduz desde a excitação produzida pela necessidadde até o investimento pleno da percepção.[13]

Ou ainda:

> A uma corrente [*Strömung*] dessa índole produzida dentro do aparato, que começa com o desprazer e aponta para o prazer, chamamos *desejo,* e afirmamos que somente um desejo, e nenhuma outra coisa, é capaz de colocar o aparato em movimento....[14]

Primitivamente, portanto, o desejar estava ligado ao alucinar, o que a atividade desejante visava era a *identidade perceptiva,* ou seja, repetir a percepção à qual estava ligada a satisfação da necessidade. Esse caráter alucinatório do desejo deve dar lugar a uma atividade mais elaborada capaz de tornar possível o discernimento entre o objeto alucinado e o objeto real percebido. Já vimos, porém, que esse discernimento só é possível graças aos signos de realidade (*Realitätszeichen*) fornecidos pelo sistema percepção-consciência, e que esses signos são *signos,* isto é, funcionam como índices da realidade, não nos fornecendo a realidade em si mesma.

O que o aparato ψ faz, de posse desses signos, é operar a partir deles uma distinção entre a imagem-lembrança do objeto e a imagem-percepção do objeto, de modo a fornecer ao eu em ψ um critério para discernir entre alucinação e percepção.

O processo de pensamento visa, portanto, substituir uma *identidade perceptiva* por uma *identidade de pensamento.* Desta forma, o processo de pensamento que se forma a partir da imagem-lembrança constitui-se

13 *AE,* **5**, p.557-8; *ESB,* **5**, p.602-3; *GW,* **2/3**, p.571 (o grifo é meu).
14 *AE,* **5**, p.588; *ESB,* **5**, p.636; *GW,* **2/3**, p.604.

como *um contorno para a realização de desejo,*[15] o que faz do pensar um mero substituto do desejo alucinatório.[16]

O título do item da *Traumdeutung* que estamos analisando é "Sobre a realização de desejo". O que quer dizer, afinal, "realização de desejo"?[17]

Realização aponta para *realidade,* algo como tornar realidade aquilo que é de ordem da alucinação, da ilusão, da fantasia. Mas, o que está sendo realizado quando dizemos que os sonhos são realizações de desejos? Que tipo de satisfação essa realização pode acarretar? Podemos dizer o sonho é uma realização alucinatória de desejo. Mas, neste caso, "realização" e "alucinatória" não seriam termos que se excluem? Realizar algo não é precisamente retirar esse algo do registro puramente alucinatório? Em outras palavras: como pode uma satisfação ser alucinatória sem conferirmos ao termo "satisfação" um estatuto puramente metafórico?

Para que a satisfação possa ser real é preciso que o desejo se inscreva no registro biológico, através de um comportamento que possa ser considerado minimamente adaptativo. Se, como declara Freud, ele é a mola (*Triebfeder*) da alucinação, de uma satisfação que não satisfaz mas que primariamente provoca a decepção, como conceber essa realização de desejo?

Lacan responde que "o desejo se satisfaz alhures e não numa satisfação efetiva. Ele é a fonte, a introdução fundamental da fantasia como tal".[18] O desejo nos remete para uma outra ordem que a biológica, ordem não adaptativa e que é definida pelo registro do imaginário.

15 *AE,* **5**, p.558; *ESB,* **5**, p.603; *GW,* **2/3**, p.572.

16 Ibid.

17 Para o que segue ver: Lacan, J., *O seminário,* Livro 2, Rio de Janeiro, Zahar, 1985.

18 Lacan, J., *O seminário,* Livro 2, Rio de Janeiro, Zahar, 1985, p.267.

Quando Freud afirma que "o sonho é uma realização (disfarçada)[*verkleidete*] de um desejo (reprimido)",[19] ele na verdade está confirmando a tese de que a realização de desejos presente no sonho é uma realização ou uma satisfação *simbólica.*

Não podemos nos esquecer que quando Freud elabora sua teoria do aparato psíquico, ele o faz sem tomar como referência a ordem do mundo. As coisas são supostas como existindo para além do aparato anímico e funcionando como fonte de estímulos para as "associações de objeto", mas sem funcionarem como princípio de ordem. As coisas são consideradas por Freud, isoladamente, apenas como fonte de estimulação, e não na articulação que possam ter com as demais coisas.

Na verdade, "o mundo freudiano não é um mundo das coisas, não é um mundo do ser, é um mundo do desejo como tal".[20] Enquanto na perspectiva filosófica clássica a relação do homem com o mundo é uma relação de *ser a ser,* na perspectiva freudiana essa relação é de *ser a falta.* Este é o caminho indicado por Lacan para abordarmos a questão do desejo em Freud.

O que significa, porém, afirmar que a relação que o desejo humano estabelece é uma relação de ser a falta?

Num trabalho anterior,[21] articulei o conceito de desejo, tal como é formulado por Lacan a partir de Freud, com o modelo hegeliano — o desejo como desejo de desejo. Essa articulação precisa ser refeita, sobretudo no que se refere ao desejo enquanto remetendo ao vazio ou à falta.

19 *AE*, **4**, p.177; *ESB*, **4**, p.170; *GW*, **2/3**, p.166.

20 Lacan, J., *O seminário,* Livro 2, Rio de Janeiro, Zahar, 1985, p.280.

21 Garcia-Roza, L. A., *Freud e o inconsciente,* Rio de Janeiro, Zahar, 1984, cap.VI.

O desejo em Hegel.[22]

A questão do desejo em Hegel está intimamente ligada à questão do sujeito, e ambas surgem sob a rubrica do *Selbst*, do si mesmo, da *Selbstbewusstsein* (autoconsciência), que dá título ao capítulo IV da *Fenomenologia do espírito.* A questão é tratada sobretudo no item A do capítulo IV, denominado "Autonomia e inautonomia da consciência — Dominação e servidão", que passou a ser conhecido, distorcidamente, como "A dialética do senhor e do escravo".[23]

O que Hegel nos propõe com sua figura *dominação e servidão* é uma parábola do surgimento do homem a partir da animalidade.[24] Esta parábola chegou até nós, primeiramente, pela interpretação que lhe foi dada por Alexandre Kojève e cuja introdução pode ser resumida da seguinte forma:[25]

A parábola kojeviana.

Enquanto a consciência (*Bewusstsein*) caracteriza-se por uma atitude passiva frente ao mundo, a autoconsciência (*Selbstbewusstsein*) constitui-se através da ação. A consciência é consciência do objeto mas não é consciên-

22 Os itens seguintes, sobre o desejo e o sujeito, fazem parte de um artigo publicado originalmente em: *Anuário Brasileiro de Psicanálise,* Rio de Janeiro, Relume/Dumará (coordenação de Daniela Ropa), 1991, sob o título "O vazio e a falta — a questão do sujeito em psicanálise".

23 Gwendoline Jarczyk e Pierre-Jean Labarrière, em *Les premiers combats de la reconnaissance,* Paris, Aubier, 1987, propõem *"La figure maîtrise et servitude"* para designar o que a vulgata hegeliana difundiu como "Dialética do senhor e do escravo".

24 Jarczyk, G., e Labarrière, P.-J., op. cit., p.11.

25 Cf. Kojève, A., *Introduction à la lecture de Hegel,* Paris, Gallimard, 1968, "En guise d'introduction" (traduction commentée de la Section A du chapitre IV de la *Phénomenologie de l'esprit*).

cia de si mesma. Absorvida na contemplação do objeto, ela nele se perde e nele se aliena. Ela é, literalmente, uma consciência sem eu.

O indivíduo absorvido e perdido no objeto, pela atitude cognitiva, não pode revelar-se a si mesmo senão pelo *desejo* (*Begierde*). Enquanto o conhecimento o mantém passivo (contemplativo), o desejo impele-o à ação. Essa ação é fundamentalmente *negadora*, posto que seu objetivo é a transformação do objeto desejado. Assim, por exemplo, o desejo de comer, para ser satisfeito, implica a assimilação, destruição ou transformação do alimento.

É também o desejo que vai operar a oposição entre consciência-de-outra-coisa e consciência-de-si, entre o não-eu e o eu. Só há eu no e pelo desejo. O desejo se revela sempre como *meu* desejo. Assim, enquanto o conhecimento revela o objeto, o desejo revela o eu.

O eu do desejo, tal como o próprio desejo, é um *vazio*. A determinação desse vazio vai ser feita em função do não-eu negado. Se o não-eu negado é um não-eu natural, o conteúdo do eu que se forma pela ação negadora será também natural. Se a ação decorrente do desejo destrói a realidade objetiva para criar uma realidade subjetiva, a natureza do eu do desejo, isto é, da realidade subjetiva que surge, será a mesma do não-eu negado. A um desejo natural corresponde, portanto, um eu natural (animal).

O desejo é aqui concebido como *falta* e, ao mesmo tempo, como ação transformadora (negadora) do dado. Mas o desejo não se esgota na ação destruidora. Desta ação que suprime o objeto, surge uma realidade subjetiva como efeito da dominação exercida sobre a exterioridade. Portanto, ao assimilar o objeto, o ser que assim procede mantém a sua própria realidade e se transforma.

No entanto, esse desejo que surge no seio da vida animal junto a outros desejos não se identifica com o desejo humano. O desejo animal é condição necessária para que exista desejo humano, mas não é condição suficiente.

Ao negar o objeto, assimilando-o, o animal afirma-se como superior ao dado mas permanece dependente dele. A ação decorrente do desejo não chega a constituir uma autoconsciência no animal mas apenas um *sentimento de si.*

Para que o desejo supere sua forma natural (animal) e se constitua como desejo humano, são necessárias duas condições: 1. Que o desejo se volte para um objeto não-natural; 2. A existência da linguagem.

A razão da primeira condição é evidente. Se o desejo animal supera momentaneamente a natureza ao negá-la, ele permanece no entanto escravizado a ela pela necessidade de satisfação. Transformador do ser, o animal permanece, porém, preso ao ser. Para que o desejo se constitua como desejo humano, é necessário que ele se dirija para um objeto não-natural. Mas o único objeto não-natural é o próprio desejo, já que é um vazio.

Assim, sendo o desejo um vazio, ausência de ser, ao se voltar para um outro desejo ele se volta para um outro vazio, e apenas desta forma supera sua realidade natural, dando lugar ao surgimento de algo não-natural: o desejo de desejo.

O desejo humano é, pois, desejo de outro desejo. Mas para que haja desejo de desejo (desejo humano), é necessário que exista uma pluralidade de desejos. O desejo humano só pode surgir no seio de uma comunidade animal, isto é, no seio de uma comunidade de desejos animais. E tendo feito sua emergência no seio da comunidade animal, o desejo humano só poderá se manter, por sua vez, numa comunidade humana, já que o desejo humano é sempre e necessariamente desejo de desejo.

Mas se o desejo humano é sempre desejo de outro desejo, como justificar o fato de que, enquanto homens, desejamos objetos? Hegel responde que o desejo humano volta-se para objetos na medida em que estes se constituem como objetos do desejo de outros homens. Nesta medida, ao nos apossarmos desses objetos, estamos afirmando nosso domínio sobre o desejo do outro. O que o desejo humano deseja é possuir o desejo do outro, é ser desejado ou amado pelo outro, é ser reconhecido em seu valor humano.

Esse reconhecimento só pode ser feito pela palavra. É esta a segunda condição do desejo humano a que me referi acima. Sem a palavra ficamos irremediavelmente aprisionados na subjetividade. A linguagem é mediação, meio necessário para o reconhecimento. É a linguagem e somente ela que possibilita a intersubjetividade. Fora da linguagem não há eu humano.

Não há um eu humano anterior à linguagem, eu mudo que apenas pensa. É pela palavra que o indivíduo se torna um ser pensante e, portanto, humano. É essa luta pelo reconhecimento que vai constituir o tema central da chamada dialética do senhor e do escravo ou "figura da dominação e da servidão".

Espero ter sido razoavelmente fiel à exposição de Alexandre Kojève. Importa agora assinalar as conseqüências da interpretação que ele faz do texto de Hegel para o que diz respeito à psicanálise, considerando que o curso que ministrou na École des Hautes Études, de 1933 a 1939, sobre a *Fenomenologia do espírito,* foi assistido por Jacques Lacan. E a presença de Hegel em Lacan é inegável. Ela se faz sentir não apenas lá onde Lacan a torna explícita, mas também e sobretudo onde Lacan não se dá conta dela.[26]

O vazio e a falta.

Em primeiro lugar, há que destacar a importância da leitura que Kojève fez do texto de Hegel. Em que pese o fato de ter trabalhado com a *vulgata* hegeliana e de ter imprimido à sua leitura uma marca ideológica apontada como responsável por algumas distorções do texto, o fato é que a exegese por ele empreendida, quando não havia ainda tradução francesa do texto, foi de extraordinária importância. Kojève "descobriu" Hegel. O que se seguiu foi enormemente facilitado pelo seu trabalho pioneiro.

O que nos interessa analisar aqui é esse surgimento do sujeito humano a partir da animalidade. Trata-se, já vimos, de uma parábola, mas que se pretende portadora de uma verdade sobre a existência humana individual e social.

Kojève ressalta o caráter antropógeno do desejo. É no e pelo desejo que o sujeito humano se constitui e este desejo é entendido como *falta,* embora em outras passagens ele o considere como *vazio.* A decisão por um destes dois termos — vazio e falta — será de fundamental importância para a psicanálise. Creio que o desejo como falta e o desejo como vazio dizem respeito, em Hegel, a dois registros diferentes que não podem ser confundidos.

Se, como nos diz Kojève, o eu do desejo (assim como o próprio desejo) é um vazio que não recebe sua determinação positiva senão pela ação que nega ou

26 Cf. Zizek, S., *O mais sublime dos histéricos — Hegel com Lacan,* Rio de Janeiro, Zahar, 1991.

assimila o não-eu desejado, e se no mundo animal esse não-eu desejado é necessariamente um objeto natural, o desejo animal será sempre desejo de um objeto natural. Este objeto preexiste ao desejo e está ao seu alcance através da ação. Não se trata de um objeto inexistente e inatingível, mas de um objeto real e acessível ao animal através de comportamentos que percorrem caminhos pré-formados. Sua ausência é momentânea e não essencial. O vazio do desejo animal é pois determinado pelo objeto, ou melhor, pela *falta* do objeto.

No caso do desejo humano ocorre algo completamente diferente. Ele é *desejo de desejo,* e não desejo de objeto. Ou se preferirmos: o objeto do desejo humano é outro desejo. Mesmo que se expresse sob a forma de desejo de objeto, esse objeto só é desejado porque objeto de desejo de outro sujeito. O que o homem deseja, sempre, é o desejo do outro. Neste caso, o que vai "preencher" o vazio do desejo não é um objeto, mas um outro vazio. Portanto, não há, como no desejo animal, falta de objeto, mas sim um vazio essencial e insuperável.

Ao desejo humano, não falta um objeto (seja este real ou fantasístico), mas enquanto desejo de desejo ele se move sempre no registro do vazio. O que o desejo humano deseja é permanecer desejando. A ele nada falta. Ele seria, neste sentido, absoluto.[27]

Ocorre porém que essa concepção do desejo como vazio e não como falta só é possível se o desejo for referido à linguagem. É a linguagem que distingue, de forma irredutível, o desejo animal do desejo humano. É pela linguagem que o reconhecimento pelo outro será

27 Cf. Perelson, S., "O desejo para o sujeito absoluto", in: *O desejo em sua dimensão trágica* (tese de mestrado [inédita]). Ver ainda: Deleuze, G., e Guattari, F., *O anti-Édipo,* Rio de Janeiro, Imago, 1976; Rosset, C., *Lógica do pior,* Rio de Janeiro, Espaço e Tempo, 1989.

possível. E, portanto, é somente pela linguagem que o desejo poderá ser concebido como desejo de desejo.

Esta é, precisamente, a meu ver, a característica da psicanálise: mover-se, desde o início, na dimensão da linguagem. Portanto, na dimensão do vazio e não da falta.

No entanto, esta não é uma invenção psicanalítica, o próprio conceito de autoconsciência em Hegel já nos aponta esta direção. Autoconsciência (*Selbstbewusstsein*) não é o mesmo que Consciência de si (*Bewusstsein von sich*). Não se trata de descrever uma experiência introspectiva através da qual a consciência toma ela própria como objeto, mas de afirmar a coincidência da consciência com ela própria enquanto sujeito na experiência do saber.[28]

Ao se voltar para o mundo, a consciência não descobre senão ela mesma, ou melhor, descobre que tem um duplo objeto: ela mesma e o mundo enquanto que a revela para ela mesma. Neste sentido, ela é *auto*-consciência. Ao se colocar frente a outra consciência, vai ocorrer o mesmo. Cada consciência implica essa reduplicação, de tal modo que cada uma se constitui como autoconsciência a partir do outro. Uma autoconsciência não se constitui senão por e para outra autoconsciência.

Este é um dos temas fundamentais do capítulo IV da Fenomenologia: o *reconhecimento*. O próprio título do item A do capítulo IV, "Autonomia e inautonomia da autoconsciência", expressa essa dualidade interior à autoconsciência. Não se trata de fazer da autoconsciência uma justaposição de termos antagônicos; autonomia e inautonomia não devem ser entendidos como dois aspectos separados ou separáveis e que são justapostos para "compor" a autoconsciência. Cada um desses ter-

28 Jarczyk, G., e Labarrière, P.-J., op. cit., p.74.

mos porta a verdade do outro e são ligados aqui numa "verdadeira definição da autoconsciência".[29]

O *sujeito* é caracterizado por essa dualidade interior da autoconsciência que faz com que o sujeito singular seja necessariamente entendido como relacional: uma autoconsciência só é autoconsciência enquanto reconhecida por outra autoconsciência. Nisto consiste a autonomia e inautonomia da autoconsciência.

A parábola freudiana.

Também a psicanálise nos coloca, desde o início, no registro da linguagem: é o estudo do ato falhado e do lapso, já presente no primeiro texto teórico de Freud (*A interpretação das afasias,* 1891), assim como o estudo dos sonhos, que pretendem fazer passar uma fala que foi interditada (*A interpretação do sonho,* 1900), ou ainda o estudo das parapraxias e dos chistes (*Psicopatologia da vida cotidiana,* 1901). Freud se move, desde o começo de sua produção teórica, no âmbito da linguagem e nele permanece até o final de sua obra.

Uma parábola freudiana, análoga à da figura dominação e servidão de Hegel, não teria o propósito de nos expor o surgimento do homem a partir do mundo natural animal, mas sim de nos expor o surgimento do sujeito a partir da linguagem. A parábola freudiana já tomaria como ponto de partida a linguagem e não o mundo natural. *O desejo, como categoria psicanalítica, não é antropógeno, é humano.*

O ponto de partida de nossa parábola seria, pois, a existência da linguagem. Nela, ou a partir dela, todos os objetos do mundo passam a ser significativos. Mesmo se acreditamos numa suposta ordem natural, ela

29 Ibid.

necessariamente terá que ser referida à linguagem. A conseqüência é uma desnaturalização do mundo e, *a fortiori*, uma desnaturalização do próprio corpo.

Neste caso, é apenas por uma licença teórica que dizemos que o objeto natural foi perdido. De fato, para a psicanálise, ele nunca foi tido. A idéia de um corpo humano natural é inteiramente aberrante. "Humano" e "natural" são predicados contraditórios. O corpo humano é necessariamente um corpo apossado pelo simbólico.

Isto não significa uma descorporificação do humano, mas uma desnaturalização do corpo. A esse corpo, chamamos *corpo pulsional*.

Antecipando alguns aspectos do tema que será central em nosso próximo volume — o da *pulsão* —, podemos dizer o seguinte: O corpo pulsional não é um *desvio* do corpo natural (animal), assim como a pulsão (*Trieb*) não é um desvio do instinto (*Instinkt*). Pulsão não é desvio do instinto, é *diferença*. Fazer da pulsão um desvio do instinto é fazer da ordem humana uma ordem desviante da ordem natural, que teria nesta última sua explicação. A ordem humana é caracterizada pela linguagem e esta, em relação ao natural, é pura diferença, não desvio.

Derivar o corpo psicanalítico do corpo natural é fazer da psicanálise um saber irremediavelmente tributário da biologia. Ao contrário, recusando a ordem natural como princípio explicativo, a psicanálise está afirmando que seu ponto de partida não poderá ser outro senão a linguagem, devendo portanto conceber o corpo segundo referenciais que serão os dela e não os da biologia.

Isso faz do conceito de pulsão um dos conceitos mais originais da psicanálise. A pulsão é a potência do corpo, potência necessariamente plural, não unificada nem unificadora. A esse estado de dispersão de intensidades corporais, Freud dá o nome de *pulsão de morte.*

Como conciliar o conceito de pulsão com o vazio ao qual me referi acima?

A pulsão é um vazio apenas se comparada às determinações da ordem natural. Ela é um vazio de determinações. Enquanto *potência corporal* ela é *potência indeterminada,* pura afirmação anárquica, exterior à lei e à ordem. É na medida em que se presentifica no psiquismo, através da *Vorstellungsrepräsentanz,* que ela é apossada e informada pela linguagem. Portanto, o que confere às pulsões anárquicas uma ordem, constituindo a rede de significantes, é a linguagem. Mas aí já não estamos mais no campo da pulsão propriamente dita e sim no campo da representação ou, se preferirmos, no campo da subjetividade.

Aquilo que chamamos de *campo psicanalítico* pode, portanto, ser concebido como constituído por duas regiões: uma compreendendo o que Freud designou inicialmente de aparato psíquico (o espaço da subjetividade) e que abarca o inconsciente e o pré-consciente (lugar da ordem, formado pela rede de significantes) e regida pelo princípio de prazer e pelo princípio de realidade; e uma outra região, situada para além da ordem, para além do princípio de prazer (lugar do acaso, ocupado pelas pulsões).

Essas duas regiões implicam-se mutuamente, uma não pode ser pensada sem a outra. É o simbólico que fornece às pulsões anárquicas uma ordem, ordem esta que vai ter sua expressão psíquica na trama dos significantes; por sua vez é a pulsão que confere ao significante sua potência, o que lhe permite "fazer ato", isto é, produzir efeitos.

Como eu já disse, o conceito de pulsão será objeto do nosso próximo volume. Voltemos, pois, à questão do desejo.

A subjetividade e o sujeito.

Um ponto fundamental da construção teórica de Freud é sua concepção da subjetividade como uma subjetividade clivada. Falamos, acima, da divisão que há entre pulsão e representação, correspondendo cada uma delas a regiões do campo psicanalítico. Agora, estamos falando da divisão que há internamente ao campo da representação, distinguindo de um lado o inconsciente e do outro o pré-consciente/consciente, constituindo cada um deles um sistema psíquico.

A cada uma dessas regiões, a psicanálise faz corresponder um sujeito. O sujeito do consciente não é o mesmo que o sujeito do inconsciente. Enquanto o primeiro é o sujeito do enunciado, sujeito gramatical (*eu* penso, *eu* sou, *eu* quero), o segundo é o sujeito da enunciação, sujeito do desejo, sujeito do inconsciente.

É desse segundo sujeito, sujeito do desejo, que a psicanálise vai nos falar. É importante, contudo, assinalar que Freud em momento algum emprega a expressão *sujeito do inconsciente.* Ela não está presente em nenhum dos seus textos, sendo que o próprio termo *sujeito* não tem para Freud a importância que terá depois para Lacan. A expressão *sujeito do inconsciente* surge com Lacan e é a partir de então incorporada ao vocabulário psicanalítico.

Em que consiste este sujeito? Qual o seu estatuto ontológico?

Em primeiro lugar, devemos dizer que ele não se identifica com o sujeito cartesiano, embora "o encaminhamento de Freud seja cartesiano — no sentido de que parte do fundamento do sujeito da certeza".[30]

O sujeito cartesiano se dá a si próprio através do *Eu penso*. Essa certeza de si é, ao mesmo tempo, *minha* certeza. Não há um passo dedutivo do *eu penso* para o *eu existo*. O "*donc*" do "*Je pense* donc *je suis*" não aponta para um silogismo incompleto. A certeza do "penso" implica, de forma imediata, o "eu existo", isto é, a realidade substancial do ser pensante, da *res cogitans*. O sujeito cartesiano é, pois, um sujeito substancial e, o que é mais importante, plenamente consciente.

É precisamente isto que Lacan, seguindo os passos de Freud, recusa ao sujeito do inconsciente. Há uma identidade no sujeito cartesiano que falta ao sujeito psicanalítico. Este último, nem se identifica com o inconsciente, nem é um sujeito que suporta (no sentido de *subtare*) o inconsciente.

Se o estatuto ontológico do inconsciente é frágil, se ele é "mais ético do que ôntico", como nos diz Lacan, o mesmo vai se dar com o sujeito. O sujeito do inconsciente vai dizer respeito precisamente ao que está ausente no sujeito do enunciado. O *eu penso* cartesiano não se distingue dos próprios pensamentos, ao passo que Freud vai nos dizer que há pensamentos (*Gedanken*) que não estão presentes na consciência e que são por ela recusados. Estes pensamentos não são evocáveis pela consciência e são eles que vão se constituir na matéria-prima dos sonhos, seu conteúdo latente. Esses pensamentos inconscientes é que constituem o desejo inconsciente, força produtora do sonho.

Falar do *sujeito do inconsciente* é pois falar do *sujeito do desejo*. É este sujeito desejante que insiste, na e pela cadeia significante. No lugar do *penso, logo sou* de Des-

30 Lacan, J., *O seminário*, Livro 11, Rio de Janeiro, Zahar, 1979, p.38.

cartes, Freud nos propõe um *desejo, logo sou*, à condição de não se confundir aquele que deseja e aquele que enuncia que deseja.

Assim, não apenas o sujeito do inconsciente, mas o próprio desejo é caracterizado por um vazio. Vazio de substância. E é neste ponto que convém retomarmos o que foi dito acima a respeito do desejo em Hegel.[31]

O desejo, para a psicanálise, não é propriamente definido pela falta, mas pelo vazio. Quando dizemos que para a psicanálise o "objeto absoluto falta", não estamos afirmando algo da mesma natureza que quando afirmamos que o "desejo" animal é determinado pela falta do objeto. No caso do animal, a falta é contingente, não é absoluta. No mundo natural, toda falta de objeto será preenchida pelo próprio natural. Se fizermos a ficção de um natural totalmente independente da linguagem, esse natural será sem falta, ou melhor, todas as suas faltas serão contingentes e provisórias. Dizer que o objeto do desejo (animal) falta, não é afirmar que ele não existe, mas apenas afirmar sua ausência.

No caso do mundo humano, o desejo é sempre desejo de desejo, portanto, um desejo cujo objeto é um outro desejo. Se admitirmos que o que funda o desejo humano é a linguagem, e que esta, em relação ao natural, é um vazio e não uma falta, seremos levados a concluir que o desejo humano é um vazio que se volta para outro vazio, mesmo que o eu produza a ilusão de objetos plenos. O desejo é a ilusão da falta do objeto.

A idéia de um vazio que se move nele mesmo, vazio de vazio, desejo de desejo, pode nos levar a afirmar o absoluto do desejo. Se o desejo é desejo de desejo, se ele não é marcado pela falta, se o que o desejo

31 Ver a respeito desse assunto: Zizek, S., *O mais sublime dos histéricos — Hegel com Lacan*, Rio de Janeiro, Zahar, 1991.

deseja é permanecer desejante, então nada lhe falta; ele, enquanto desejo, é absoluto.

Ocorre porém que essa lógica do desejo não confere ao sujeito uma identidade, não há um significante do sujeito. Este permanece marcado pela falta de identidade. O que podemos assinalar como seu é um lugar: o da verdade. O inconsciente não é nem ser, nem não-ser, diz Lacan, ele é da ordem do não-realizado. O vazio do inconsciente (e portanto do desejo), é pré-ontológico.

A pergunta que surge é a de como esse vazio pode se sustentar.

O vazio do inconsciente, a hiância que o caracteriza, é como um buraco no ser, análogo ao oco de uma árvore ou ao buraco de uma caverna. O oco ou a caverna possuem um estatuto ontológico peculiar: não são nem ser, nem não-ser; seu estatuto é o mesmo que o do vazio do jarro descrito por Heidegger.[32] O ser do oco ou da caverna consiste em ser um vazio, mas nem por isso ele pode ser identificado ao nada. O vazio do oco pode ser a morada da coruja. E o vazio da caverna nós o habitamos um dia, ou quem sabe, continuamos habitando até hoje na medida em que somos caracterizados pela linguagem.

O vazio não é, portanto, idêntico ao nada. Mas também não é idêntico ao ser. Admiti-lo seria mais ou menos o mesmo que admitirmos o vazio que caracteriza o oco da árvore sem a existência da árvore, uma espécie de vazio-em-si. Claro está que se retirarmos a árvore, não permanece o oco. O vazio do oco nos remete à árvore, assim como o vazio do (ou no) ser nos remete ao ser.

32 Cf. Heidegger, M., "La chose", in: *Essais et conférences*, Paris, Gallimard, 1958.

A dimensão lógica do vazio nos remete, assim, a uma dimensão ontológica, a um real (que não precisa se confundir com a substância cartesiana da *res cogitans*) que, no caso da psicanálise, encontra-se para além do desejo, para além do princípio de prazer e do princípio de realidade, um real que também não se confunde com o mundo, e que diz respeito à pulsão. Esse real jamais se faz presente enquanto tal, mas se presentifica pelos seus representantes. É esse real da pulsão que impede que os significantes, e portanto o sujeito e o desejo, sejam reduzidos a uma dimensão exclusivamente lógica. Não foi por outra razão que Lacan, ao se referir à noção freudiana de pulsão, afirmou que ela é uma noção *ontológica* absolutamente fundamental.

9

O Inconsciente e a Consciência

No capítulo anterior, fui além daquilo que Freud se propõe discutir em *A interpretação do sonho* e empreendi uma pequena incursão pelos caminhos do desejo na releitura feita por Lacan.

É extremamente difícil, a um comentador, permanecer estritamente dentro dos limites do texto de um autor, sobretudo quando esse autor é Sigmund Freud e o texto é *Die Traumdeutung*. Isto, evidentemente, não porque autor e texto sejam pobres e obriguem o comentador a enriquecê-los com outros autores e outros textos, mas, ao contrário, pela potência que têm de nos remeter para muito além deles próprios e para um tempo futuro que já era o deles mas não dos seus contemporâneos.

Assim é Freud, assim são seus textos. Ambos tornam-se, por exemplo, contemporâneos de Lacan através dos seminários em que o psicanalista francês propõe-se a *reler* Freud, e essa releitura, longe de ser um recitativo textual do original, apresenta-se como transformadora, como produtora do novo. Nesse empreendimento não nos colocamos, como diz Lacan, no lugar de seguidores de Freud, mas caminhamos ao lado dele. Daí minha liberdade para ir de Freud a Lacan e de retornar a Freud, sem com isto romper a contemporaneidade.

Retornemos ao texto da *Traumdeutung*.

O que vimos sobre o desejo nos sonhos pode ser resumido da seguinte maneira: o desejo inconsciente, pela sua ligação com os restos diurnos, procura, durante o sono, abrir caminho até a consciência através do Pcs.[1] Este caminho, normalmente seguido pelos processos de pensamento, esbarra com a censura que opera entre o Pcs e o Cs e com o estado de sono do Pcs/Cs. A partir de então, o processo onírico empreende um caminho regressivo que se encontra aberto pelo estado de sono e também pela atração exercida por grupos mnêmicos que existem apenas como investimentos visuais e não sob a forma mais elaborada propiciada pelos sistemas Pcs/Cs. Nesse percurso regressivo, o processo onírico adquire figurabilidade.

Portanto, se na primeira parte (progressiva) o processo onírico vai das cenas ou fantasias inconscientes ao pré-consciente, na segunda parte ele vai da fronteira do Pcs/Cs de volta às percepções. Ao retornar às percepções, ele se livra da censura e consegue atrair para si a atenção da consciência.

A consciência e sua relação com os demais sistemas.

A consciência, durante a vigília, recebe excitações provenientes de dois lugares: da periferia do aparelho psíquico, do sistema perceptivo; e das excitações de prazer e desprazer decorrentes da transposição de energia internamente ao aparelho. Essa segunda fonte é responsável quase que exclusiva pela qualidade psíquica. Os demais processos dos sistemas ψ carecem de qualidade, não podendo, portanto, ser objetos da consciência.[2] Já vimos, porém, que o sistema ψ recebe tam-

1 *AE*, **5**, p.565; *ESB*, **5**, p.611-2; *GW*, **2/3**, p.579.
2 *AE*, **5**, p.566; *ESB*, **5**, p.612; *GW*, **2/3**, p.580.

bém indicações de qualidade pela sua relação com o sistema mnêmico dos signos de linguagem. Com isto, a consciência, que até então era um órgão sensorial apenas para as percepções, passa a ser também um órgão sensorial para uma parte de nossos processos de pensamento.[3]

Durante o sono, a parte voltada para o sistema perceptivo tem prevalência sobre a parte voltada para os processos de pensamento, e a razão disso é simples: o processo de pensamento tem que ser detido para que se mantenha o sono. É de se supor, portanto, que o trabalho do sonho tenha início durante o dia, sob o controle do Pcs, sendo a parte noturna a que sofre a atração exercida pelas cenas inconscientes, terminando na percepção.

Freud admite que o processo onírico não segue necessariamente a ordem anteriormente descrita — primeiro o desejo onírico, em seguida a deformação, depois o percurso regressivo etc — mas que o percurso da excitação se dá em ziguezague, de um lado para o outro, até que se fixa uma direção mais oportuna.[4] Uma vez tendo reativado o sistema perceptivo, o sonho passa a receber o mesmo tratamento que as demais coisas percebidas, sendo submetido à elaboração secundária e, em função de sua intensidade, atraindo para si a consciência.

Há, portanto, um atendimento aos desejos inconscientes, ponto de partida da elaboração onírica, e um atendimento às exigências do Pcs/Cs. Como as demais formações do Ics, o sonho está a serviço de ambos os sistemas, e procura satisfazer aos dois desejos — o do Ics e o do Pcs/Cs — "na medida em que eles são

3 Ibid.
4 *AE*, **5**, p.567; *ESB*, **5**, p.614; *GW*, **2/3**, p.682.

compatíveis um com o outro". A ressalva introduzida por Freud tem o propósito de assinalar a possibilidade de um fracasso desse compromisso. É o caso, por exemplo, de um desejo inconsciente que ressoe com tanta violência no Pcs/Cs, que o sonho ao invés de funcionar como o guardião do sono, provoque o despertar súbito. Neste caso, o sonho fracassou em seu propósito.

Num artigo escrito em 1915, mas publicado apenas dois anos depois — "Complemento metapsicológico à doutrina dos sonhos" — e que já se beneficia dos conceitos desenvolvidos a partir de 1914, sobretudo do conceito de *narcisismo,* Freud afirma que "o sonho é absolutamente egoísta",[5] e que esse egoísmo é justificado pelo narcisismo do estado de sono.

Sem entrarmos aqui na discussão sobre o conceito de *narcisismo* (que será objeto de estudo do próximo volume), vale esclarecer que, para o que nos interessa sobre os sonhos, *narcisismo* e *egoísmo* em parte coincidem; o narcisismo diz respeito à dimensão libidinal do egoísmo, ou, como prefere Freud, "o narcisismo pode definir-se como o complemento libidinoso do egoísmo".[6]

O narcisismo do estado de dormir consiste em que são retirados os investimentos dos sistemas Ics e Pcs/Cs, de modo a não permanecerem atuando como fatores perturbadores do sono. No entanto, se essa retirada de investimento fosse total, o sonho perderia sua razão de ser, já que fundamentalmente sua função é permitir e manter o estado de sono.

Os sonhos existem porque o Ics recalcado não obedece ao desejo de dormir que pertence ao eu. Como conseqüência do recalcamento, a parte recalcada do Ics

5 *AE*, **14**, p.222; *ESB*, **14**, p.254; *GW*, **10**, p.413.

6 Ibid.

adquire uma certa independência com relação ao eu, mantendo os investimentos que lhe são próprios. Estes investimentos, mantidos em estado de alerta permanente, impedem que se estabeleça o estado de narcisismo absoluto exigido para o sono; apenas os investimentos emitidos pelo eu são recolhidos, a parte correspondente ao recalcado não obedece ao desejo de dormir.

Esses investimentos pulsionais pertencentes ao Ics vão reforçar os restos diurnos e através deles abrir caminho em direção ao Cs. Esta é a razão pela qual o eu é obrigado a manter a censura entre o Ics e o Pcs/Cs, o que tem como efeito a deformação imposta pelo trabalho do sonho.

Mas não é apenas o Ics recalcado que insiste; alguns pensamentos diurnos pré-conscientes mostram-se também resistentes à ordem de desinvestimento emitida pelo desejo de dormir do eu. Esses pensamentos, pela ligação que estabelecem com os impulsos inconscientes, vão constituir o desejo onírico, dando expressão aos impulsos inconscientes. Esses desejos pré-conscientes não se confundem com o desejo Ics (recalcado) nem com os restos diurnos, embora se associem a ambos na formação dos sonhos.

Em todos os casos, o que acontece na formação do sonho é o caminho regressivo tomado pela excitação até chegar à percepção despertando a consciência. O trabalho do sonho culmina, portanto, com a transformação do pensamento (que havia tomado um caminho regressivo e se transmutado numa fantasia de desejo) numa percepção consciente que é submetida à elaboração secundária.

A questão que se coloca para Freud, e que já fazia parte de suas preocupações teóricas desde o *Projeto*, é como distinguir essa percepção/consciência resultante da elaboração onírica (que na verdade não é uma percepção mas uma alucinação) de uma percepção real. Dito de outra maneira: o ter-se tornado consciência não é, em si mesmo, prova de realidade, há que distinguir *percepção* de *representação*, ou melhor, há que distinguir uma imagem-percepção de uma imagem-lembrança.

A distinção entre percepção e representação não é tão simples como pode parecer à primeira vista. Em princípio, poderíamos estabelecer que a representação é uma reprodução da percepção, mas essa distinção está longe de resolver o problema com o qual Freud se defronta desde o *Projeto* e que reaparece em seus textos posteriores sob a rubrica *exame de realidade* (*Realitätsprüfung*).[7] O fato é que em termos do sistema ψ, o que temos são representações (*Vorstellungen*) e que estas podem ser tão intensas quanto as percepções. Se estas últimas são as que estabelecem alguma vinculação com o mundo exterior, é de fundamental importância que possamos distingui-las das representações-lembrança.

O emprego do termo *exame de atualidade* (*Aktualitätsprüfung*), por Freud, é expressivo dessa dificuldade. Uma representação, na medida em que se torna consciente, torna-se atual; a questão, portanto, não é a da atualidade ou inatualidade da representação, mas do objeto ao qual ela supostamente se refere. O que interessa, no caso da experiência de satisfação, é se o seio, enquanto objeto real, está ou não presente, já que a representação do seio está indubitavelmente presente. Trata-se portanto de distinguir o seio real do seio alucinado, sem o que o eu em ψ não será capaz de liberar ou inibir a resposta motora (a *ação específica*).

7 No artigo "Complemento metapsicológico à doutrina dos sonhos", Freud emprega também o termo *Aktualitätsprüfung* (exame de atualidade).

Mas a verdade é que o exame de realidade (ou o exame de atualidade ou ainda o exame de qualidade) é capaz apenas de operar distinções a partir dos signos de realidade (ou signos de qualidade) fornecidos pelo sistema ω (percepção/consciência) e estes signos, como quaisquer outros, não estão isentos de ambigüidade. Se durante o processo de formação do aparelho psíquico ele aprende, *grosso modo*, a distinguir o objeto real do objeto alucinado, ele permanece, contudo, para sempre dominado pela ilusão. E não poderia ser de outra maneira, na medida em que o desejo é a mola da ilusão, de uma satisfação que é ilusória e, portanto, necessariamente parcial.

Se o aparelho psíquico fosse um aparelho voltado para a adaptação biológica, se a *ação específica* fosse uma *resposta adequada*, um *behavior* dotado da objetividade que pretendem os behavioristas, então poderíamos ver a ilusão como expressiva do mau funcionamento desse aparelho e tentar exorcizá-la. No entanto, a maneira pela qual Freud concebe o desejo e sua articulação necessária com a linguagem faz desse aparelho um aparelho de linguagem, e das representações que se constituem como seu conteúdo, significantes.

Desejo não é necessidade, e *ação específica* não é *comportamento adaptado*. Sem dúvida alguma, Lacan tem razão quando afirma que as coisas teriam sido mais fáceis para Freud se ele pudesse dispor do conceito de *imaginário*.

O paradoxo da consciência.

Vimos a situação paradoxal da consciência no esquema freudiano do capítulo 7 da *Traumdeutung*: a de estar localizada nos dois extremos do aparelho, no extremo motor, em seguida ao Pcs, e junto ao extremo perceptivo, na entrada do aparelho, anterior aos sistemas mnêmicos e ao Ics. O fato é que o esquema do capítulo 7 impõe a Freud essa estranha topologia da consciência, assim como o obriga ainda a concebê-la como recebendo excitações provenientes de duas direções.

A idéia de um aparelho da consciência que recebe excitações provenientes de duas direções fez com que Freud, numa carta a Fliess,[8] situasse o sistema ω entre os sistemas φ e ψ, solução abandonada posteriormente por ele próprio. O abandono dessa representação tópica do sistema P/Cs não significa porém o abandono da tese segundo a qual o sistema ω recebe *inputs* originários tanto do sistema φ como do sistema ψ.

No *Projeto de 1895,* Freud já concebia a consciência ligada à percepção e ambas constituindo um sistema à parte do sistema ψ — o sistema ω — o qual, do ponto de vista energético, não participava da economia do aparato ψ. Essa junção da consciência com a percepção permanece no esquema de 1900, e é graças a ela que Freud vai explicar a realização alucinatória do desejo como um investimento do sistema percepção/consciência, com a diferença de que neste caso (da alucinação) o investimento, ao invés de vir de fora, vem de dentro e como efeito do percurso regressivo da excitação.

Freud denomina sistema φ o responsável pela relação do organismo com o meio circundante. Esse sistema recebe as excitações provenientes do mundo externo e responde com uma ação motora. Seu modelo básico de funcionamento é o do arco-reflexo e seu modo de operar é em termos de estímulo-resposta.

No caso do organismo animal, o par estímulo-resposta não cumpre apenas um circuito aferente-eferente,

8 Carta 39 (de janeiro de 1896) in: *Correspondência completa de S. Freud para W. Fliess,* Rio de Janeiro, Imago, 1986, p.160.

ele é marcado também por um propósito que é a adaptação desse organismo animal. Isso pressupõe que o ser vivo seja um ser adaptado, o que significa dizer que há caminhos pré-formados ligando suas necessidades às coisas do mundo capazes de satisfazê-las.

Essa relação não é, porém, uma relação que pudesse ser pensada puramente em termos mecânicos; entre a recepção do estímulo e a resposta motora interpõe-se a *imagem*, e é ela, sobretudo, que dirige o comportamento animal. A imagem responde pelo padrão da espécie, sendo que esse padrão comporta variações notáveis, o que implica escolhas e decisões por parte do animal que não podem ser explicadas em termos puramente mecânicos.

No mundo animal os caminhos que vão do estímulo à resposta implicam uma funcionalidade à serviço da adaptação biológica. Para que essa adaptação se cumpra, é necessário que o organismo vivo disponha de um aparato capaz de memória, associação, seletividade, atividade investigadora etc, de modo a tornar possíveis as escolhas e as decisões a partir de informações oriundas do mundo externo.

Faz-se necessário, portanto, um segundo sistema cuja característica fundamental é a memória. Este é o sistema ψ.

O sistema ψ é um sistema moderador que se interpõe entre a recepção do estímulo e a descarga motora. É ele o responsável pelo equilíbrio do organismo, filtrando e amortecendo os estímulos, regulando o fluxo energético. Enquanto o sistema φ é o responsável pela recepção das Qs exógenas, o sistema ψ é alimentado diretamente por fonte endógena e indiretamente por fonte exógena através de φ. É importante salientar que o sistema φ não é o responsável pela percepção, mas sim pela excitação proveniente do mundo externo. A percepção se dá em ω e não em φ.

É em torno do sistema ψ que se dá grande parte da elaboração teórica de Freud. À quantidade Q externa captada pelas terminações nervosas e pelos órgãos dos sentidos Freud contrapõe a Qη do sistema ψ, quantidade armazenada pelo sistema para tornar possível a ação específica. É ainda em termos do sistema ψ que Freud estabelece a distinção entre princípio de prazer e princípio de realidade e entre processo primário e processo secundário, como veremos mais adiante.

Embora o sistema ψ compreenda o essencial do que Freud concebe como sendo o aparelho psíquico, falta-lhe algo fundamental para que possa cumprir a tarefa de articular o ser humano com a realidade: a consciência. Todos os processos que ocorrem no sistema ψ são inconscientes. O sistema ψ não tem contato com a realidade externa, não podendo, portanto, orientar-se em relação a ela. É o sistema ω, sistema percepção/consciência, que vai fornecer a ψ os signos de realidade (*Realitätszeichen*) com os quais ele vai se orientar.

O aparelho da consciência tem um estatuto peculiar na teorização freudiana; ele nem faz parte integrante do aparelho psíquico, nem pode ser considerado como exterior ao aparelho. Topologicamente, está situado no limite do aparelho, uma face voltada para dentro, outra face voltada para fora, mas do ponto de vista energético ele pode ser considerado à margem da economia do aparato psíquico.

O fato de Freud integrar percepção e consciência num mesmo sistema, o sistema da *Bewusstseinswahrnehmung* (percepção-consciência), não faz com que a consciência seja pura e simplesmente identificada com a percepção. O sistema Cs é considerado, no seu funcionamento, "de maneira semelhante ao sistema perceptivo P",[9] semelhante mas não igual.

A semelhança do Cs com o P reside em que ambos são excitados por qualidades e são incapazes de conservar traços das alterações produzidas pelas excitações, portanto, ambos carecem de memória. Tanto a percepção como a consciência, por funcionarem com qualidades psíquicas, não são excitadas diretamente a partir do mundo externo e sim a partir de φ, via ψ, com níveis sutis de quantidade de excitação.

O sistema Cs opõe-se funcionalmente aos sistemas Ics e Pcs, na medida em que nele não há armazenamento de traços ou de sistemas de traços, enquanto que o Ics e o Pcs são sistemas mnêmicos. Daí a junção que Freud estabelece do sistema da consciência com o sistema perceptivo denominando-o sistema P/Cs (percepção/consciência).

O que justifica esta junção e a separação deste sistema com relação aos sistemas Ics e Pcs é a tese, presente desde o *Projeto*, de que um mesmo sistema não pode ser responsável pela recepção contínua de estímulos e ao mesmo tempo pelo armazenamento dos traços. Dito de outra maneira: percepção e memória não podem constituir um mesmo sistema, mas têm que estar situadas em sistemas distintos. Assim, a memória fica referida aos sistemas Ics e Pcs, enquanto que a percepção formará juntamente com a consciência um sistema à parte.

O termo "sistema à parte" deve ser tomado à letra. O sistema da consciência não integra propriamente o aparelho psíquico, embora também não possamos afirmar que está inteiramente excluído dele. A exclusão fica

9 *AE*, **5**, p.603; *ESB*, **5**, p.654; *GW*, **2/3**, p.620-1.

por conta do fato de que o sistema P/Cs (ou o sistema ω, na terminologia do *Projeto*) não participa da economia energética do aparelho psíquico. Não participa e nem poderia participar. Se o sistema ω fosse parte integrante do sistema ψ, ele não poderia funcionar como indicador de realidade para o próprio sistema ψ.

O sistema ω tem que ficar de fora da economia do sistema ψ, mas ao mesmo tempo fornecer a este último signos de realidade que orientem os processos ψ, já que ψ não tem acesso à realidade. Mas ao mesmo tempo ω (percepção/consciência) necessita de um mínimo de energia para funcionar, e esta energia só pode vir de ψ ou de φ.

A tese de Freud é de que o sistema percepção/consciência seja dotado de uma energia livremente móvel e em quantidade mínima necessária para não apenas fornecer a ψ os signos de realidade ou de qualidade como para investir um determinado elemento — o que vai caracterizar o mecanismo da atenção psíquica.

Essa energia de que o sistema ω precisa dispor para funcionar não pode ser proveniente diretamente do mundo externo (como ocorre com o sistema φ), dada a intensidade da Q externa; ω tem que funcionar com fracos investimentos de energia e não com grandes quantidades de Q. O fluxo de Qs mais intensas faz-se de φ a ψ, ω recebe apenas pequenas quantidades oriundas de φ, ou mais precisamente, a quantidade em φ transforma-se em *qualidade* em ω.

A consciência e o problema da qualidade.

Essa é outra dificuldade com a qual Freud se defronta: a da origem da qualidade. Embora eu já tenha abordado este tema no volume anterior, vale a pena retomá-lo em suas linhas gerais.

Se o aparelho psíquico recebe, tanto de fonte exógena quanto de fonte endógena, apenas *quantidades* (Q), como explicar a origem da *qualidade* que caracteriza os processos do sistema percepção-consciência? A pergunta é feita, pela primeira vez, no *Projeto:*

> A consciência nos fornece o que se chama *qualidades,* uma grande diversidade de sensações que são *algo outro* [*anders sind*] e cuja alteridade [*Anders*] se diferencia por referência ao mundo exterior. Nessa alteridade há séries, semelhanças, etc., mas não há propriamente nenhuma quantidade. Podemos perguntar-nos *como* se geram as qualidades e de *onde* se geram as qualidades.[10]

As qualidades não podem ser oriundas nem do mundo externo, nem do interior do próprio aparato. Não podem surgir do mundo externo porque este não conhece senão quantidades, "massas em movimento, e nada mais"; e não podem surgir do interior do aparato ψ porque este, enquanto aparato de memória, é desprovido de qualidade (*qualitätslos*).

É então que Freud postula o sistema ω, que é excitado durante a percepção mas que não o é durante a reprodução, e cujos estados de excitação forneceriam as diferentes qualidades, isto é, as sensações conscientes.[11]

A consciência é, portanto, pura qualidade. Enquanto a *quantidade* é considerada por Freud como um *quantum* de energia que circula pelos sistemas φ e ψ, a *qualidade* diz respeito aos aspectos sensíveis da percepção não redutíveis à quantidade, algo que ele concebe como "o lado subjetivo de uma parte dos processos físicos do sistema nervoso".[12] As qualidades não são

10 *AE,* **1**, p.352; *ESB,* **1**, p.327; *AdA,* p.317.

11 Ibid.

12 *AE,* **1**, p.355; *ESB,* **1**, p.330; *AdA,* p.320.

apenas cores, sons, texturas, sensações de quente e de frio etc., elas são, mais do que isto, sínteses das impressões elementares, algo que se apresenta em termos de semelhanças e de diferenças.

Se o mundo natural fornece apenas quantidades, "devemos esperar que da arquitetura dos neurônios constem alguns dispositivos capazes de transformar a quantidade externa em qualidade".[13] Esta é a razão pela qual Freud não pode abrir mão do esquema de aparato psíquico elaborado por ele, para tentar responder à questão da qualidade. É a própria estrutura do aparelho que vai fornecer a saída para o problema.

Para ser mais preciso, a qualidade não *resulta* da estrutura do aparato, não há *primeiro* um aparato com uma estrutura determinada e *depois* a transformação da quantidade em qualidade. O aparato constitui-se simultaneamente com a transformação da quantidade em qualidade.

Mesmo quando o que está sendo considerado é a memória em ψ, aquilo que Freud destaca é que essa memória é sempre memória de diferenças entre os trilhamentos/facilitações (*Bahnungen*). O sistema percepção-consciência não se apropria das quantidades que circulam no sistema ψ, mas podem se apropriar das *diferenças* entre as quantidades. É neste ponto que Freud faz intervir uma noção que deu margem a muita incompreensão: a noção de *período*.

O sistema ω não é capaz de receber Qη, mas é capaz de se apropriar do *período* de excitação, isto é, de algo que se constitui como intervalo, como diferença, como temporalidade. Este conceito, considerado por Strachey como um conceito obscuro, é visto por Derrida como o

13 *AE*, 1, p.353; *ESB*, 1, p.328; *AdA*, p.317.

responsável pela introdução em psicanálise da noção de *diferença pura.*[14]

Até esse momento de sua teorização, Freud havia pensado apenas a transferência de quantidade (Q) de um neurônio para outro, o que ele agora introduz é a idéia de uma temporalidade, de um período de excitação, de uma pura temporalidade e, portanto, pura qualidade.

Até o momento em que introduz a noção de *período,* Freud só havia pensado o funcionamento do aparato psíquico em termos de transferência de Qη de um neurônio para outro, mas não havia levado em consideração a natureza temporal dos processos excitatórios, o que ele denomina *período.* Essa idéia não contraria o ponto de vista freudiano a respeito do mundo físico como sendo constituído por massas em movimento, já que as próprias teorias físicas atribuem essa característica temporal periódica aos movimentos de massa do mundo externo. "Assim", escreve Freud, "presumirei que toda a resistência das barreiras de contato se aplica somente à transferência de Q, mas que o período do movimento neuronal é transmitido a todas as direções sem inibição, como se fosse um processo de indução".[15] O sistema percepção-consciência, constituído pelos neurônios ω, vai ser afetado não pelas Qη, mas pelo período de excitação.[16]

Em *Além do princípio de prazer* (1920) e em *O problema econômico do masoquismo* (1924), Freud retoma breve-

14 Derrida, J., "Freud e a cena da escritura", in: *A escritura e a diferença,* S. Paulo, Perspectiva, 1971.

15 *AE,* **1**, p.354; *ESB,* **1**, p.328; *AdA,* p.318.

16 Na verdade, há um mínimo de Qη necessário para o funcionamento do sistema ω, mas esse mínimo é desprezível em termos da economia energética do sistema ψ.

mente a noção de período fazendo algumas observações que não chegam a acrescentar nada de significativo à proposta inicial de 1895. Em ambos os textos a noção de período é introduzida para dar conta da série prazer-desprazer, da quantidade de excitação presente no aparelho anímico e capaz de aumento e diminuição.

Apesar do prazer e do desprazer estarem referidos ao aumento e à diminuição da excitação em ψ (o que Freud chama de "tensão de estímulo"), eles não são explicados apenas por esse fator quantitativo, mas por algo que ele só pode considerar como de ordem qualitativa que é o ritmo, o ciclo temporal das alterações, dos aumentos e diminuições da quantidade do estímulo, isto é, aquilo que só pode ser considerado em termos de aumento e diminuição *num período de tempo.*[17] Aquilo de que o sistema ω se apropria é de uma *pura diferença,* de uma relação entre quantidades e não das quantidades elas próprias.

O conceito de período não é um conceito secundário nesse início da teorização freudiana, não se refere a algo que é acrescentado ao aparato psíquico (ou aparato neurônico, no caso do *Projeto*) uma vez ele já constituído. A idéia de *diferença pura,* que corresponde aqui à idéia de *período,* precede e condiciona a própria oposição entre quantidade e qualidade.[18] Não há, primeiro, quantidades, que em seguida dão lugar a qualidades psíquicas; a própria distinção quantidade/qualidade é decorrente e determinada pelo conceito de período.

Esta afirmação nos conduz inevitavelmente à idéia de que não há *primeiro* um sistema φ de neurônios, para *depois* surgir um sistema ψ e finalmente o sistema ω,

17 *AE,* **19**, p.166; **18**, p.8; *ESB,* **19**, p.200; **18**, p.18; *GW,* **13**, p.372 e p.4.
18 Cf. Derrida, J., op. cit., p.191.

sistema percepção-consciência. A estrutura e o funcionamento do que venha a ser concebido como aparelho neurônico ou aparelho psíquico ou ainda aparelho anímico implicam a presença simultânea dos três sistemas.

Imaginar, por exemplo, um aparelho formado apenas pelos sistemas φ e ψ ao qual vai se acrescentar posteriormente o sistema ω, carece de qualquer sustentação lógica em termos da teoria freudiana. O sistema ψ sem o sistema ω é impossível de ser pensado. Quando os descrevemos seqüencialmente, numa aparente gênese temporal, não fazemos mais do que ceder a um recurso expositivo, a gênese de que se trata é uma gênese lógica, e não uma psicogênese do aparelho.

Frente aos embaraços teóricos causados pelo sistema da consciência, Freud poderia ter-se descartado dela, considerando-a metodologicamente inútil e sem qualquer valor explicativo, como o fez seu contemporâneo J. B. Watson, iniciador do behaviorismo. No entanto, preferiu enfrentar o problema, apesar dos transtornos teóricos decorrentes de sua aceitação, transtornos que o obrigaram a produzir hipóteses acessórias cada vez que surgia uma nova dificuldade.

O fato é que a consciência, longe de ser um estorvo, algo a ser descartado pela teoria psicanalítica, porque esta se preocupa sobretudo com o inconsciente, é algo que tem que ser explicado, na sua função e no seu lugar no aparelho psíquico. Se seu papel com relação ao funcionamento do indivíduo humano é ambíguo, se sua localização no conjunto dos sistemas psíquicos é paradoxal, e se do ponto de vista energético ela fica à margem da economia dos sistemas φ e ψ, nem por isso deixa de ter uma importância fundamental no que se refere ao funcionamento do aparato psíquico. Lacan é a este respeito categórico: "O caráter não apreensível da consciência, irredutível com relação ao funcionamento do vivente, é na obra de Freud algo tão importante de se apreender quanto o que ele nos trouxe sobre o inconsciente".[19]

No último capítulo de *A interpretação do sonho,* Freud afirma que a consciência nada mais é do que "*um órgão sensorial para a percepção de qualidades psíquicas*".[20] A frase representa uma notável transformação do conceito de consciência.

Durante séculos o psiquismo foi identificado com a consciência, sendo o termo *inconsciente* empregado adjetivamente para o que não era capaz de consciência ou para o que ocupava a margem da consciência. Não se admitia um inconsciente psíquico, e quando este era admitido correspondia apenas a uma região franjal da consciência. O termo "inconsciente" ficava reservado para designar o mundo físico e não uma realidade psíquica. A idéia, por exemplo, de um pensamento inconsciente era considerada inteiramente absurda; um pensamento inconsciente seria um pensamento que não se pensava, o que soava como uma contradição. Todo o pensamento moderno, de Descartes a Hegel, tem na consciência sua referência central; o inconsciente, quando aparece, é um tema secundário e sem grande importância.

A afirmação de Freud não representa, porém, uma simples inversão dos termos; mais do que uma inversão, trata-se de uma subversão. Essa subversão pode ser avaliada por outra afirmação, feita no mesmo texto, segundo a qual "o inconsciente é o psíquico verdadeiramente real" (*Das Unbewusste ist das eigentlich reale*

19 Lacan, J., *O seminário,* Livro **2**, Rio de Janeiro, Zahar, 1985, p.151.

20 *AE*, **5**, p.603; *ESB*, **5**, p.654; *GW*, **2/3**, p.620.

Psychische).[21] E a frase vem acompanhada da observação de que o psíquico verdadeiramente real — o inconsciente — nos é tão desconhecido como o real do mundo exterior, nos é dado de forma tão incompleta como o é o mundo exterior através dos órgãos dos sentidos.

Se o inconsciente é o real psíquico, qual o estatuto da consciência? Em termos do psiquismo, ela é deslocada do lugar central que ocupava e reduzida não apenas em sua extensão como em sua importância. Passa a representar a menor parte do psiquismo (a maior cabe ao Ics), além de deixar de ser o lugar da verdade. A verdade passa a ser concebida, agora, como a verdade do desejo inconsciente, enquanto que a consciência passa a ser o lugar da ilusão. A consciência é vista pela psicanálise como um efeito de superfície do inconsciente.

Mas, se por um lado todo o consciente foi uma vez inconsciente, por outro lado não temos acesso ao inconsciente a não ser pela via da consciência. Mais ainda: o inconsciente seria insuspeitado se não fossem os efeitos por ele produzidos no nível da consciência, expressos no discurso, nos atos, nos sintomas, nos sonhos. É por intermédio daquilo que consideramos como más formações do discurso consciente ou como atos falhados que o desejo inconsciente se insinua.

A psicanálise não pode, portanto, de maneira nenhuma, prescindir da consciência. Esta não é negada em sua existência (como pretendeu Watson em seus primeiros momentos), nem recusada metodologicamente (como pretendeu o próprio Watson posteriormente), ela é apenas descentrada do lugar privilegiado que ocupava para a filosofia, e reduzida na importância exclusiva que tinha como instrumento e lugar da verdade.

21 *AE*, **5**, p.600; *ESB*, **5**, p.651; *GW*, **2/3**, p.617.

Princípio de prazer / princípio de realidade; processo primário / processo secundário.

Embora possamos pensar o aparelho psíquico como constituindo um sistema fechado, não podemos considerá-lo como um sistema isolado. É um sistema fechado na medida em que tem sua estrutura própria, seus princípios de funcionamento, seus limites definidos; mas este conjunto não é isolado da realidade externa, é por ela estimulado e mantém com ela trocas energéticas.

O aparelho psíquico está ligado a um organismo vivo que, por sua vez, tem que se submeter às exigências do mundo externo. Se relevarmos este ponto, a construção teórica de Freud fica reduzida a uma espécie de idealismo subjetivista.

O mundo externo faz imposições, submete esse aparelho (e evidentemente o próprio sujeito humano) a exigências que Freud denomina *Not des Lebens,* necessidade da vida. Já vimos que não se trata *das necessidades* — fome, sede etc. — mas de algo mais amplo que não se confunde com as necessidades do organismo biológico e que diz respeito à exterioridade impondo um estado de *urgência.*

A *Not des Lebens* faz seu aparecimento no *Projeto de 1895* para designar a exigência que a exterioridade faz ao aparato neurônico e que o obriga a passar do modo de funcionamento primário ao modo de funcionamento secundário. Vinte anos mais tarde, nas *Conferências de introdução à psicanálise,* Freud volta a empregar o termo *Not des Lebens,* de uma forma mais ampla e com um sentido quase mítico, para designar o poder que a realidade, "educadora rigorosa", exerce sobre o homem. Essa realidade, diz ele, deve ser chamada pelo nome certo: Αναγκη (Ananke), Necessidade.[22]

22 *AE,* **16**, p.323; *ESB,* **16**, p.414; *GW,* **11**, p.368.

Há, portanto, uma realidade que impõe um estado de *urgência* ao aparato psíquico, mas há também uma outra realidade que, internamente ao aparato, faz exigências que lhe são próprias. Essa duplicidade (melhor seria dizer "multiplicidade") de sentidos encontra apoio na própria língua alemã, que possui dois termos para dizer "realidade": *Realität* e *Wirklichkeit* (além de *Real*). Freud emprega freqüentemente os dois termos alternativamente, como se fossem sinônimos.

No entanto, se nos prendermos aos significados metapsicológicos, *Wirklichkeit* aparece mais para designar a *realidade efetiva,* isto é, a realidade que é produto de um processo, e que é a realidade operante psiquicamente (os produtos da fantasia, por exemplo), enquanto que *Realität* aponta mais para aquilo que possui um conteúdo objetivo e um compromisso com a realidade externa.

No *Realitätsprinzip* (princípio de realidade) o que está em questão não é a *Wirklichkeit* mas a *Realität,* embora estes termos não possuam em Freud a univocidade que nos permita distingui-los sempre de maneira indiscutível. Assim, a *psychische Realität* (realidade psíquica) não se confunde com a *Wirklichkeit,* mas quando dizemos que os produtos da fantasia possuem uma realidade efetiva, dizemos que eles têm *Wirklichkeit,* e estamos também querendo dizer que eles remetem ao desejo inconsciente, àquilo ao qual não temos acesso diretamente mas que constitui *psychische Realität* (realidade psíquica) por oposição à realidade dos nossos pensamentos conscientes.

O princípio de realidade não é, porém, um princípio soberano que se exerça sozinho e independentemente de qualquer outro, mas ao contrário, ele é dependente do princípio de prazer, que é o princípio fundamental de regulação do aparelho psíquico.

O princípio de prazer é concebido originalmente como um princípio de inércia. Sua função seria a de barrar o excesso de Q no aparato, regulando de forma automática a descarga de modo que Q se mantivesse o mais possível próximo a zero. Essa tendência a zero (inércia) é substituída pela manutenção da tensão interna, resultante do acúmulo de Q necessário para a ação específica, num nível constante e o mais baixo possível (constância).

O funcionamento do aparelho passa a ser determinado pela experiência primária de satisfação, momento de instauração do diferencial prazer/desprazer, experiência que se constitui como modelo para as repetições posteriores: o aparelho procura efetuar uma ação específica cujo objetivo é reproduzir a experiência de satisfação, isto é, reencontrar o objeto que originalmente produziu a satisfação.

Já vimos que quando se dá a experiência de satisfação, estabelecem-se caminhos facilitadores (*Bahnungen*) entre os investimentos correspondentes à percepção do objeto que produziu a satisfação e os neurônios do núcleo do sistema ψ. A partir de então, a satisfação fica ligada tanto à imagem do objeto como à imagem da descarga. Quando reaparece o estado de urgência, ambas as imagens são reinvestidas, sendo que sua reativação vai produzir algo idêntico à percepção original do objeto, sua imagem. A diferença, neste caso, é que o objeto real está ausente. O que se produz, portanto, não é a percepção do objeto, mas a alucinação do objeto. O resultado só pode ser o desapontamento e o desprazer.

A esse modo de funcionamento do sistema ψ, Freud denomina *processo primário*.[23] Do ponto de vista

23 Sobre a distinção entre processos primário e secundário em ψ, ver o volume 1 desta *IMF*, p.153 e seg.

econômico, a energia psíquica circula livremente de uma representação para outra segundo os mecanismos de deslocamento e de condensação (conforme já vimos no nosso capítulo 5), e a tendência desse modo de funcionamento é a de reinvestir as representações ligadas à vivência de satisfação e, portanto, à realização alucinatória do desejo. O processo primário, regido pelo princípio de prazer, caracteriza o modo de funcionamento do sistema Ics.

O *processo secundário,* por sua vez, caracteriza-se por um bom investimento do eu e por uma inibição dos processos primários, sendo seu objetivo a identidade de pensamento e não mais a identidade de percepção. Do ponto de vista tópico, os processos secundários caracterizam o sistema Pcs. Freud deixa claro que a oposição processo primário/processo secundário diz respeito ao sistema ψ, não correspondendo, portanto, necessariamente, à distinção entre inconsciente e consciência.

O aparelho psíquico está constituído, fundamentalmente, como um aparelho cuja estrutura e cujo funcionamento o condenam ao engano e ao erro. É necessário, portanto, um outro aparelho que se contraponha a ele fornecendo um princípio de correção através de signos de realidade. Este é o papel do sistema ω, sistema percepção-consciência, com seu signos de qualidade ou signos de realidade.

Se é possível falarmos numa eficiência do aparelho psíquico, essa eficiência não pode ter como parâmetro a adaptação biológica, pelo menos se entendermos a adaptação como a efetivação de padrões de conduta pre-estabelecidos. Não há nada nesse aparelho que indique para o indivíduo qual caminho tomar em relação a qual objeto. Não há sequer as indicações mais primárias referentes a ações de evitamento de perigo; o ser humano precisa aprender que não pode se lançar no vazio porque senão morre, assim como não há nada que lhe indique que o fogo queima. Todas as condutas de evitamento terão que ser aprendidas, da mesma forma que todas as condutas que o levam a determinado objeto. O que vai orientá-lo nessa procura ou nesse evitamento é o princípio de realidade.

No entanto, o que o princípio de realidade oferece não é a realidade ela mesma, mas *signos de realidade*. Esses signos, que funcionam como retificadores das tendências do aparelho, têm, como referência última, a experiência de satisfação. A correção que o princípio de realidade exerce sobre a tendência fundamental do aparelho (que é a de repetir alucinatoriamente a experiência de satisfação), não pode ser feita a partir do próprio eu, posto que o sistema ψ não tem acesso à realidade externa. Tanto o processo primário, com sua tendência à identidade de percepção, como o processo secundário, visando a identidade de pensamento, são processos internos ao sistema ψ e, portanto, inconscientes (Ics e Pcs). Sendo assim, a informação corretora só pode provir de um outro sistema, o sistema ω, responsável pela percepção-consciência.

Vimos no *Projeto* que o pensamento em ψ procede por tateamentos e correções sucessivas com a finalidade de estabelecer a distinção entre imagem-percepção e imagem-lembrança. No entanto, os trilhamentos (*Bahnungen*), percorridos no processo de pensamento com vistas à ação específica, não se dão na ordem da percepção-consciência, nada do que ocorre no nível desse pensamento é perceptível ou consciente, são processos secundários em ψ e não em ω. Daquilo que ocorre em ψ a consciência recebe apenas sinais (de prazer ou de dor), mas não os pensamentos eles próprios.

É unicamente na medida em que se produzem palavras, que esses processos de pensamento podem ser apreendidos pela consciência.[24] Desse pensamento inconsciente, algo chega à consciência e é articulado em palavras, e é nessa medida que o princípio de realidade pode se exercer, na precariedade que lhe é própria. "É porque o que é conhecido não pode ser conhecido senão em palavras, que o que é desconhecido apresenta-se como tendo uma estrutura de linguagem".[25]

Nada disso pode soar estranho, como ainda soa estranho para alguns leitores de Freud, se levarmos em conta a tese já presente no texto de 1891 sobre as afasias segundo a qual o aparato de linguagem não se constitui senão na relação a outro aparato de linguagem, tese que é imediatamente ampliada para afirmar que o aparato psíquico não se forma senão na relação a um outro aparato psíquico.

Não é, portanto, por referência ao biológico que o aparelho psíquico se constitui, e isto se aplica tanto à sua estrutura como ao princípio que rege o seu funcionamento, o princípio de prazer. A referência ao outro, enquanto falante, é fundamental desde os primeiros textos freudianos. A fórmula "o desejo do homem é o desejo do outro" ganha seu verdadeiro sentido na medida em que expressa não apenas uma relação especular imaginária, mas também na medida em que expressa o fato do sujeito pertencer ao universo simbólico, o que possibilita ao desejo ser mediatizado pela linguagem e ser reconhecido pelo outro. A importância concedida por Freud à experiência do *Nebenmensch*, no *Projeto de 1895*, é uma prova disto.

Mas, se o aparato psíquico não é um aparato adaptativo, biologicamente falando, como explicar o fato de

24 Cf. Lacan, J., *O seminário*, Livro 7, Rio de Janeiro, Zahar, 1988, p.44-5.
25 Lacan, J., op. cit., p.47.

que a espécie humana ainda não foi extinta, ou mesmo que não esteja em vias de extinção? Como admitir um organismo vivo cuja relação com o mundo exterior é mediada por um aparato que conduz o indivíduo ao engano e ao erro, e que apesar disso este indivíduo e a espécie sobrevivam?

O que tem que ser reformulado, aqui, é a própria noção de adaptação. Se considerarmos adaptação como adequação entre certos padrões de estímulo e certos comportamentos, ambos herdados geneticamente, então o ser humano é inteiramente desadaptado. Nada há nesse aparato psíquico que o oriente em relação ao mundo externo.

Este talvez seja o sentido mais forte do termo "desamparo fundamental" que Freud emprega para descrever a situação de um recém-nascido humano. O desamparo não se refere apenas ao fato do recém-nascido ser fisicamente frágil ou à sua total incapacidade de locomoção — o que o impede, por exemplo, de sair à procura de alimento na ausência da mãe ou do adulto que cuida dele. O termo *desamparo* designa, mais do que qualquer coisa, a total ausência de sinais indicadores para a sua orientação quanto ao mundo circundante. Tudo no ser humano tem que ser aprendido.

Como um ser tão desorientado em relação ao mundo circundante pode sobreviver? A resposta pode estar, em primeiro lugar, no fato de, contrariamente aos demais seres que compõem o mundo animal, ser constituído, desde o começo, *na relação ao outro*. É apenas por economia expositiva que falamos em "*um* aparelho de linguagem", "*um* aparelho psíquico" etc. Um aparelho psíquico nunca é *um*, ele é, pelo menos, dois — se ficarmos na pura especularidade imaginária — ou múltiplo, se pensarmos em termos da relação simbólica. *Um* aparelho psíquico, *um* aparelho de linguagem, *um* indivíduo humano, são abstrações.

A fórmula hegeliana à qual me referi no capítulo anterior, segundo a qual o desejo humano é sempre desejo de desejo, já expressava essa impossibilidade de se pensar o indivíduo humano como uma singularidade que se esgota nela mesma. O item da *Fenomenologia do espírito* em que Hegel descreve a *Selbstbewusstsein* traz o sugestivo título: "Autonomia e inautonomia da autoconsciência" (*Selbstständigkeit und Unselbstständigkeit des Selbstbewusstseins*), onde autonomia e inautonomia não devem ser tomados como termos antagônicos mas como definidores da dualidade interna à autoconsciência, sua definição feita sobre o fundo da alteridade. A autoconsciência não é verdadeiramente autoconsciência senão face a outra autoconsciência. O que significa que um sujeito singular não é ele mesmo singular senão nesse desdobramento que o revela como essencialmente relacional. É isto que funda o conceito hegeliano de *reconhecimento* (*Anerkennenung*) entendido como um movimento simétrico e reversível expressando a identidade do conhecedor e do conhecido.[26]

A consciência, de alguma maneira, enganadora ou não, é o meio de que dispomos para nos orientarmos com relação ao mundo exterior. A diferença fundamental do ser humano reside em que essa voltada para o mundo externo passa necessariamente pelo outro. Dentre os objetos que se nos apresentam, o outro próximo (o *Nebenmensch*), enquanto outro falante, não é ape-

26 Ver: Hegel, G.W.F., *La phénoménologie de l'esprit* (trad. de Jean Hyppolite), Paris, Aubier, 1941, p.145 e seg. Ver ainda os excelentes comentários de G. Jarczyk e P.-J. Labarrière sobre o capítulo IV da *Fenomenologia do espírito* em *Les premiers combats de la reconnaissance*, Paris, Aubier, 1987.

nas um objeto dentre os demais, mas o objeto por excelência, aquele sem o qual a experiência humana e o próprio humano não se constituem.

Retomando a questão do desamparo fundamental do recém-nascido humano e de sua adaptação, o que podemos dizer é que a *ação específica* empreendida pelo sistema ψ responde às exigências do princípio de prazer e do princípio de realidade, mas nada nos indica que a realidade faça chegar até ele, sistema ψ, as exigências que são as dela própria, realidade.

O desamparo do ser humano não é uma situação passageira, característica do recém-nascido, e superável com o desenvolvimento do indivíduo. Trata-se de algo que lhe é essencial e irredutível. O desamparo está inscrito na falta de garantia dos signos de realidade, e isto não decorre de um conjunto de circunstâncias superável. A maturação do recém-nascido, a mielinização das fibras nervosas, o crescimento físico, a locomoção etc. em nada contribuem para eliminar esse desamparo, muito mais fundamental do que a limitação física, que diz respeito aos signos do mundo exterior.

O fato de que nada chega a nós a não ser passando pela linguagem (ou *enquanto* linguagem) faz do ser humano um prisioneiro da linguagem, mas ao mesmo tempo lhe confere o poder único de criar o mundo com o qual ele vai se articular. Se a ordem natural não impõe seus caminhos ao homem, este vai ter que constituir suas *Bahnungen* segundo uma ordem que é a da linguagem. O mundo resultante será necessariamente um mundo humano.

Enquanto que para um animal o outro é um objeto dentre os demais, capaz de satisfazer suas necessidades ou de constituir-se como ameaça, o outro para o ser humano, na medida em que é um outro falante, é o mediador necessário através do qual se constitui o próprio mundo dos objetos para o sujeito.

Sob este aspecto, podemos dizer que o ser humano é, dentre todos os demais, o que apresenta maior possibilidade de adaptação. Se a pulsão, enquanto humana, é impossível de ser satisfeita porque não tem objeto próprio, ela pode, por outro lado, ser satisfeita de mil e uma maneiras pelos caminhos do desejo. Neste sentido, a cultura deixa de ser um resíduo inútil da pulsão (sublimada) e passa a ser considerada como a multiplicação de suas possibilidades de satisfação.

Bibliografia

Aristóteles, *Poética,* S. Paulo, Difel, 1959

Barros, C.P., "Contribuição à controvérsia sobre o ponto de vista econômico", in: *Psicanálise: problemas metodológicos,* Petrópolis, Vozes, 1975

______, "Thermodynamics and Evolutionary Concepts in the Formal Structure of Freud's Metapsychology", in: S. Arieti, *The World Biennial of Psychiatry and Psychoterapy,* N. York, Basic Books, 1970

Benveniste, E., *Problemas de lingüística geral* I, Campinas, Pontes/Unicamp, 1988

Bergson, H., *Essai sur les données immediates de la conscience,* Paris, PUF, 1927

______, *A evolução criadora,* Rio de Janeiro, Zahar, 1979

______, *Matéria e memória,* S. Paulo, Martins Fontes, 1990

______, *La pensée et le mouvant,* Paris, PUF, 1950

Bourdieu, P., *A economia das trocas simbólicas,* S. Paulo, Perspectiva, 1974

Bourguignon, A., *O conceito de renegação em Freud,* Rio de Janeiro, Zahar, 1991

______, et al., *Traduire Freud,* Paris, PUF, 1989

Cassirer, E., *Filosofía de las formas simbólicas,* México, Fondo de Cultura, 1945

Chevalier, J., *Bergson,* Paris, Plon, 1926

Dayan, M., "Freud et la trace — Le temps de la mémoire", in: *Topique, Revue Freudienne,* nº11-12, Paris, PUF, 1973

Deleuze, G., *Le bergsonisme,* Paris, PUF, 1968

______, *Différence et répétition,* Paris, PUF, 1968

______, *Pourparlers,* Paris, Minuit, 1990

Deleuze, G., *Proust et les signes*, Paris, PUF, 1964

———, *Qu'est-ce que la philosophie?*, Paris, Minuit, 1991

Deleuze, G., e Guattari, F., *O anti-Édipo*, Rio de Janeiro, Imago, 1976

Derrida, J., "Freud e a cena da escritura", in: *A escritura e a diferença*, S. Paulo, Perspectiva, 1971

Didier-Weill, A., *Inconsciente freudiano e transmissão da psicanálise*, Rio de Janeiro, Zahar, 1988

Dreyfuss, J.-P., "Remarques sur *das Ding* dans l'Esquisse", in: *Littoral* nº 6

Eco, U., *O signo*, Lisboa, Presença, 1977

Ey, H., *El inconsciente* (Colóquio de Bonneval), México, Siglo XXI, 1970

Foucault, M., *Nietzsche, Freud, Marx*, Paris, Minuit, 1965

Freud, S., *Aus den Anfängen der Psychoanalyse [AdA]*, Londres, Imago, 1950

———, *Contribution à la conception des aphasies [Aphasies]*, Paris, PUF, 1987

———, *Correspondência completa de S. Freud para W. Fliess*, Rio de Janeiro, Imago, 1986.

———, *Edição standard brasileira das obras psicológicas completas de Sigmund Freud [ESB]*, Rio de Janeiro, Imago, 1972-80

———, *Gesammelte Werke [GW]*, (18 vols.), Londres, Imago, 1940-52.

———, *Sigmund Freud — Obras Completas*, [*AE* (Amorrortu Editores)], Buenos Aires, Amorrortu, 1976.

———, *Vue d'ensemble des névroses de transfert*, Paris, Gallimard, 1986

Garcia-Roza, L.A., *Acaso e repetição em psicanálise*, Rio de Janeiro, Zahar, 1986

———, *Freud e o inconsciente*, Rio de Janeiro, Zahar, 1984

———, *Introdução à metapsicologia freudiana*, vol.1, Rio de Janeiro, Zahar, 1991

———, *O mal radical em Freud*, Rio de Janeiro, Zahar, 1990

Garcia-Roza, L.A., "O vazio e a falta — a questão do sujeito em psicanálise", in: *Anuário Brasileiro de Psicanálise,* Rio de Janeiro, Relume/Dumará, 1991

_____, *Palavra e verdade na filosofia antiga e na psicanálise,* Rio de Janeiro, Zahar, 1990

Gay, P., *Freud — uma vida para o nosso tempo,* S. Paulo, Companhia das Letras, 1989

Godel, R., *Les sources manuscrites du Cours de linguistique générale de F. de Saussure,* Genebra, Droz, 1969

Hegel, G.W.F., *La phénoménologie de l'esprit* (trad. J. Hyppolite), Paris, Aubier, 1941

Heidegger, M., *Essais et conférences,* Paris, Gallimard, 1958

Hyppolite, J., "Commentaire parlé sur la *Verneinung* de Freud", in: J. Lacan, *Écrits,* Paris, Seuil, 1966

_____, *Préface à la phénoménologie de l'esprit,* Paris, Aubier, 1966

Jarczyk, G., e Labarrière, P.-J., *Les premiers combats de la reconnaissance,* Paris, Aubier, 1987

Jones, E., "The Theory of Symbolism", *in: Papers on Psycho-Analysis,* Londres, Baillière, 1948

Juranville, A., *Lacan e a filosofia,* Rio de Janeiro, Zahar, 1987

Kojève, A., *Introduction à la lecture de Hegel,* Paris, Plon, 1947(1968)

Labarrière, P.-J., *Introduction à une lecture de la Phénoménologie de l'esprit,* Paris, Aubier, 1979

Lacan, J., *Écrits,* Paris, Seuil, 1966

_____, *O seminário,* Livro 1, Rio de Janeiro, Zahar, 1983

_____, *O seminário,* Livro 2, Rio de Janeiro, Zahar, 1985

_____, *O seminário,* Livro 3, Rio de Janeiro, Zahar, 1985

_____, *O seminário,* Livro 7, Rio de Janeiro, Zahar, 1988

_____, *O seminário,* Livro 8, Rio de Janeiro, Zahar, 1992

_____, *O seminário,* Livro 11, Rio de Janeiro, Zahar, 1979

_____, *Le séminaire,* Livre 13. Inédito

_____, *O seminário,* Livro 17, Rio de Janeiro, Zahar, 1992

_____, *O seminário,* Livro 20, Rio de Janeiro, Zahar, 1982

Lacan, J., *Le séminaire*, Livre 22. Inédito

_____, *Radiophonie*, in: *Scilicet 2/3*, Paris, Seuil, 1970

Lacoste, P., *L'Étrange cas du professeur M*, Paris, Gallimard, 1990. Edição brasileira: *Psicanálise na tela*, Rio de Janeiro, Zahar, 1992

Lalande, A., *Vocabulaire technique et critique de la philosophie*, Paris, PUF, 1968

Laplanche, J., *Nouveaux fondements pour la psychanalyse*, Paris, PUF, 1987

Laplanche, J., e Pontalis, J.-B., *Fantasia originária, fantasia das origens, origens da fantasia*, Rio de Janeiro, Zahar, 1988

_____, *Vocabulaire de la psychanalyse*, Paris, PUF, 1968

Laruelle, F., *Les philosophies de la différence*, Paris, PUF, 1986

Lévi-Strauss, C., *Antropologie Structurale*, Paris, Plon, 1958

_____, "Introdução à obra de Marcel Mauss", in: *Estruturalismo*, Lisboa, Portugália, 1968

_____, *Le cru et le cuit*, Paris, Plon, 1964

Lorenzer, A., *Crítica del concepto psicoanalítico de símbolo*, Buenos Aires, Amorrortu, 1976

_____, *L'Univers philosophique*, Paris, PUF, 1989

Merleau-Ponty, M., *O visível e o invisível*, S. Paulo, Perspectiva, 1971

Mezan, R., *Freud: a trama dos conceitos*, S. Paulo, Perspectiva, 1982

_____, "Metapsicologia/Fantasia", in: *Freud 50 anos depois*, Rio de Janeiro, Relume/Dumará, 1989 (org. J. Birman)

Monzani, L. R., *Freud — o movimento de um pensamento*, Campinas, Unicamp, 1989

Nasio, J-D., *A criança magnífica da psicanálise*, Rio de Janeiro, Zahar, 1988

Nassif, J., *Freud l'inconscient*, Paris, Galilée, 1977

Peirce, C.S., *Collected Papers*, Cambridge, Harvard University Press, 1931-5

Perelson, S., *O desejo em sua dimensão trágica* (tese de mestrado, UFRJ, 1992).

Platão, *A República,* Lisboa, Calouste Gulbenkian, 1980

Pontalis, J.-B., *A força de atração,* Rio de Janeiro, Zahar, 1991

Ricoeur, P., "Narrativité, phénoménologie et herméneutique", in: *L'Univers philosophique,* vol.1, Paris, PUF, 1989

_____, *Da interpretação,* Rio de Janeiro, Imago, 1977

Rodrigué, E., "Notes on Symbolism", in: *International Journal of Psychoanalysis,* t. xxxvii, 2-3, 1956

Rosolato, G., *Éléments de l'interprétation,* Paris, Gallimard, 1985. Edição brasileira: *Elementos de interpretação,* São Paulo, Escuta, 1988

Rosset, C., *Lógica do pior,* Rio de Janeiro, Espaço e Tempo, 1989

Rouanet, S.P., *A razão cativa,* S. Paulo, Brasiliense, 1985

Roudinesco, E., *História da psicanálise na França* (2 vols.), Rio de Janeiro, Zahar, 1988 e 1989

Sadoul, G., *História do cinema mundial,* S. Paulo, Martins, 1963

Safouan, M., *L'echec du principe du plaisir,* Paris, Seuil, 1979

_____, *Estudos sobre o Édipo,* Rio de Janeiro, Zahar, 1979

_____, *O inconsciente e seu escriba,* S. Paulo, Papirus, 1987

Zizek, S., *O mais sublime dos histéricos — Hegel com Lacan,* Rio de Janeiro, Zahar, 1991